林昭與「六‧四」——甘粹 著

獻給為爭取民主與自由而獻身的英魂

北大魂。

前言

　　林昭去世已有二十一個年頭了。我一直懷念她，永不忘懷。

　　林昭原是中國大陸北京大學的學生，一九三二年生於蘇州。一九四九年蘇州解放後，當時只有十七歲的林昭就參加了革命，到蘇南新聞專科學校學習，被分配到《蘇州民報》做記者、編輯工作。一九五四年到北京大學中文系就讀。一九五七年反右運動中，遭到無情打擊，被錯劃為右派分子。但她仍堅持自己的觀點，繼續發表意見，一九六〇年又以「反革命分子」罪逮捕，被判刑二十年。在監獄中，林昭拒不低頭認罪，用寫詩、日記、血書等方式進行鬥爭。在文化大革命中，當局將她捍衛真理的言行作為反革命罪，於一九六八年四月二十九日將她槍殺了。一九七九年林昭的冤案得到了平反，上海市高級人民法院撤銷了原判，宣佈她無罪。

　　歷史證實了林昭臨刑前留下的遺言：「歷史將宣告我無罪。」記得一九七九年我的「右派分子」改正回到北京，得知林昭平反昭雪的消息，曾與她生前的好友、同學發起籌辦了一個追悼會，各地報刊也曾零星地發表了一些有關林昭的報導和追悼文章。當時，林昭的妹妹彭令範曾對我說：「你最瞭解我姐姐，你應該好好寫一寫我姐姐。」是的，我曾幾次拿起筆來想寫一點悼念文字，卻由於悲憤在心頭凝聚得太多，反而噴射不出，我寫不出一個字。從

一九五九年與她別離，我被流放到新疆勞動改造至一九七九年回到北京，在這長達二十年裏，朝朝暮暮懷念她，年年歲歲等待著她。心想總有一天會與她重逢相聚。誰知夢斷黃昏，她早已碧落黃泉。而我是孤雁南歸尋故里，夕陽姑蘇啼香丘。追憶林昭，我總覺得她有著一種令人吃驚的魅力和氣質。這種魅力和氣質是什麼？這個問題一直縈繞在我心坎裏。

事隔十年後的今天（一九八九年），北京爆發了空前盛大的學生愛國民主運動。首都高等學校的數十萬學生進行了示威、罷課、絕食，要求與政府對話，提出了民主、自由的口號。上街遊行的人越來越多，從幾萬、十幾萬發展到近百萬。參加遊行的不僅是大學生，還有工人、農民、機關幹部、民主黨派工作人員，以至中小學生和幼稚園的娃娃。一些司法專政機關的幹部、個別軍事院校的幹部和戰士都參加了。全國各地也有兩萬多人專程趕來北京聲援大學生的絕食，推動了全國民主浪潮的掀起，震動了全世界。

這次學生的愛國民主運動可以說是中國「五四」運動以來最為空前、壯觀的。我看到遊行隊伍中北京大學的巨幅標語，心裏久久不能平靜。聽到學生們喊出「打倒官僚」、「懲治腐敗」的口號，我激動得眼淚盈眶。這些使我想到了一九五七年的情景，想到了林昭。我腦中突然受到了神的啟示，一下全明白了。林昭的神奇魅力和氣質，不正是這種充滿摒舊圖新的「五四」精神嗎？林昭堅持真理、頑強鬥爭、至死不悔，不正是表現了北大一種獨俱魅力的精神，這就是科學、民主、自由；這就是求索、為新、向上；這就是勇敢、頑強、不屈地向舊勢力抗爭。這種精神是一代又一代北大人

共同的結晶，是北大的光榮與驕傲。正是這種精神，決定了北大在中國歷史上不同凡響的地位和作用。林昭曾在〈沿著五四的道路〉一首詩中寫道：「北大的老鐘，它曾在我們的時代的交響樂章裏，奏了一支烈焰狂飆般的激情奏鳴曲……生生不息、代代相傳。」為何如此？大約是母校有一種精神，或如說有一股「魂」，在強烈地牽繫著學子的縷縷情思吧！近百年來，這裏成長著中國數代最優秀的學者。豐博的學識，閃光的才智，莊嚴無畏的獨立思想，這一切又與耿介不阿的人格操守及勇銳的抗爭精神相結合，構成了一種特殊的精神魅力——北大魂。

三十年了，一張笑臉化成一個帶血痕的影子，總在我腦屏中閃現、旋轉，縈繫著。它沒有因歲月的流逝而稍有減色，反而被時代的激流刷得更加鮮明！北大魂——林昭，一直蘊藏在我的靈魂裏，喚起我很多回憶，震憾著我的心。我記下這些，不僅是為了死者，也是為了生者。善良的人們，我們應當進一步去思考、認識社會的現實和人生的意義。真與假、善與惡、美與醜終究會以原來的面貌出現，顯露出原形。歷史不是依據人們的願望，而是依據事物的真相作出裁決。人們可以從這一束手稿中，去追尋、認識這個和那個叫人難以置信的災難深重的年代。讓我們愉快地和過去訣別，不讓歷史重演，在人類不可抗拒的自然發展進程中努力前進，去拼搏，去創造，求得人類社會真、善、美的到來。

公義必勝，自由萬歲！

目錄

1 判決書

1989年4月15日（星期六）

　　今天清晨七時五十六分，受人敬重的胡耀邦這個曾任中國共產黨的中央總書記永遠閉上了雙眼，過早地去世了。

　　胡耀邦雖然離我們遠去，但他嫉惡如仇、勇敢無畏的赤子之心，卻永遠為人們所敬仰。使我最為欽佩和感動的是：胡耀邦以他的遠見卓識、驚人的氣魄和堅忍不拔的精神，投入了撥亂反正的工作。為在文化大革命中被打成的各種各樣「牛鬼蛇神」和一切冤假錯案平反；為一九五七年五十萬名被錯誤地劃成右派分子平反；為一九五九年被定為右傾機會主義分子的同志平反；為地主富農分子摘帽和地主富農子女的成份問題作了正確的決定。在從一九七八年以後的短短數年中，全國平反了三百多萬件冤假錯案，把顛倒了的歷史重新顛倒過來，解救了我們民族中的精英，使億萬人們解脫了精神的枷鎖，輕裝投入四個現代化的建設。是他開創了一個撥亂反正的年代，為中國共產黨和人民立下了不朽的功勳。

　　往事不堪回首。胡耀邦的逝世使我又一次想起林昭的事……。

　　那是在一九七九年我的右派問題得到改正回到北京，我曾跑到北京大學中文系有關部門打聽林昭的消息，北京大學中文系的一位

負責此事的人士說，林昭的右派是屬於錯劃，改正是沒有問題的，但後來她又被上海市人民法院因反革命罪判了刑，這得由上海市人民法院甄別處理。這事拖了將近一年，最後我找到了林昭的妹妹彭令範，才得知林昭永遠離開了我們，她是被槍斃的！真使我吃驚，悲痛萬分。整整一個晚上，彭令範給我講述了她姐姐的情況，並拿出一分法院的判決書，上面列印著：

上海市高級人民法院刑事判決書

（80）滬高刑複字第435號

林昭，又名彭令昭、許萍，女、一九三二年生，江蘇蘇州市人，原北京大學學生。

林昭於一九六五年五月上海市靜安區人民法院以反革命罪判處有期徒刑二十年。一九六八年四月二十九日又由中國人民解放軍上海市公檢法軍事管制委員會以反革命罪判處死刑，立即執行。現經本院覆查查明：林昭在一九五八年被錯劃為「右派分子」後因精神上受到刺激，一九五九年八月開始患精神病。嗣後，曾以寫長詩、文章等表示不滿，並非犯罪行為。一九六五年對林昭以反革命罪判處徒刑顯屬不當，應予糾正。林昭被錯判服刑後，精神病復發，又曾用寫血書、詩歌、日記以及呼喊口號等表示不服，一九六八年將林昭在病發期間的行為又以反革命處以極刑，顯屬錯誤，應予糾正，據此本院特重新判決如下：

一、撤銷上海市靜安區人民法院一九六二年度靜刑字第
　　一七一號和中國人民解放軍上海市公檢法軍事管制委員
　　會一九六七年度滬中刑（一）字第一六號兩次判決。
二、對林昭宣告無罪

上海市高級人民法院

一九八○年八月二十二日

　　像林昭這樣慘遭冤獄殺害的事，能夠得到改正、平反昭雪，
不是一件容易做到的事。這與胡耀邦領導的撥亂反正的魄力和膽略
分不開的。他衝破重重阻力，為平反冤假錯案，為解救那些為中國
人民解放事業和社會主義革命建設付出畢生心血，而被種種莫須有
的罪名投入監獄、關入牛棚、慘遭迫害的成千上萬的老幹部、科學
家、知識份子而嘔心瀝血為之昭雪，永遠為人們所敬仰。胡耀邦的
逝世，驚天動地，人們為之哭泣。北京大學的校園裏，貼出大字報
〈讚耀邦——並致另一些人〉，表達了學生們的哀思，頌揚了他那
親切的話語、高尚的品德和對真理的執意追求精神永存大地，「耀
邦精神不死！」

　　暮春的雨淅淅瀝瀝地下著，好似人們為耀邦的去世灑下的
淚水。

　　在夜雨茫茫中，一位四十多歲的男同志，自稱政法幹部，捧著
一隻直徑約十公分左右的小花圈，來到天安門廣場人民英雄紀念碑
前。他把花圈繫在北側的保護鏈上，深深地鞠了三個躬就走了。這
是悼念胡耀邦同志的第一個花圈。

晚上，二十時四十分，又一位四十多歲的男同志送來了一個直徑約一公尺的花圈。花圈上輓聯寫著：「真正的共產黨領袖」。落款為「忠誠於您的戰士顧寶忠、康華公司北京分公司職員」。

二十一時三十分，電影出版社的三個人，每人拿著一朵小白花來到紀念碑前，將白花繫在保護的鐵鏈上。

二十二時十分，又有七們自稱是共青團中央的人，把七朵小白花和一條黑紗繫在保護鏈上就走了。

二十三時五十五分，四個男青年拿著一張約一公尺見方的大白紙，上寫「耀邦永在，耀邦活著」，掛在紀念碑北側的鐵鏈上。站崗的哨兵問其姓名，四個人搖了搖頭就走了。

雨，仍舊淅淅瀝瀝地下著、下著……。

2　錄音報告

1989年4月16日（星期日）

今天上午八時左右，巴基斯坦內政部長向人民英雄紀念碑獻花圈後，悼念胡耀邦的人一個接一個來到紀念碑前。

十時三十分，兩位男女青年拿著一張大白紙來到紀念碑的北側臺階上，展開後寫道：「痛悼青年知己耀邦」，落款：「交通大學學生」。

十時三十五分，在紀念碑的北側鐵護鏈的鐵墩上掛了一朵小白花，花上用鋼筆寫著一幅輓聯。上聯為：獻給耀邦同志。左聯為：新時代的開拓者；右聯為：中國改革的旗幟！

十時四十分，在紀念碑南側的臺階上，有人在上面放了一張白紙。上書：獻給胡公仙逝和他的未竟之業，千年封建根，萬載中華禍！

十三時十分，在紀念碑北側的臺階上，有一家四口人獻的花圈，直徑約一公尺。上寫：向敬愛的胡耀邦同志致敬。

十三時三十五分，兩名男青年抬著一個花圈來到紀念碑前，上寫：「英名永存」，深切懷念老一輩無產階級革命家胡耀邦。他們將花圈放好就走了。

十五時左右，中國人民大學新聞系四位學生送來了一個花圈，放下就走了……。

十五時四十分左右，一位三十多歲自稱政法幹部的男同志，送來了一個直徑約三十公分的花圈，花圈中央貼著從報紙上剪下的胡耀邦像，輓聯為：為了改革奮不顧身。

今天，群眾到紀念碑送花圈八個，輓聯十一幅，條幅三條，白花一朵。充分表達了人民群眾對胡耀邦的去世感到惋惜和悲痛。

昨天夜裏我睡得很晚，做了一個夢。夢見了林昭，她笑著向我走來。我對她說：「你為什麼不聽我的話呢？」記得一九五七年我們離別的時候，我曾對她說過不要硬碰，雞蛋是碰不過石頭的。她卻回答道：「我就是要去碰，我相信成千上億個雞蛋去撞擊，這頑石最終也會被擊碎的。」是的，林昭就是這樣的一種人。強烈，是她突出性格的表現，巨大的耐力使她敢於迎接艱難險阻。林昭性格剛烈，從不接受任何失敗，遭到了挫折，她將會產生強烈的心理變態反應，而後她會從零開始，憑著頑強的意志和堅韌不拔的精神，重新奔向前方。她選定了自己要走的道路，那麼任何力量都無法阻擋她的前進，去開創自己的信念之路。

在現在的大學生中一定有不少像林昭這樣的人。絕對意識和強烈的慾望在他們的心中翻騰，並經常把他們帶到一個激情茫然的憂鬱世界。恰恰在這裏，他們會感到人生的真正價值和樂趣。他們的內心深處經歷著神秘主義騷動，一旦有了時機從自我折磨的桎梏中解放出來，就煥發出巨大的精神力量，變成令人難以想像的創造

力。今天，中國人民大學的校園出現了〈哭耀邦〉的大字報，中央民族學院有人貼出標語，上面寫著：「不該去的去了，該死卻沒有死。」

　　晚上，北京大學、中國人民大學等一些高等學校的學生，大約有二、三千人自發地到天安門廣場集合，悼念胡耀邦同志。在集會上，學生們散發了向政府提出七條要求的傳單。其具體內容是：

一、正確評價胡耀邦同志的是非功過。

二、要求新聞立法，開放報界。

三、公開國家領導人及其子女的家產及收入。

四、否定「反對精神污染」及「反對資產階級自由化」兩次運動，為在這兩次運動中蒙受不白之冤的公民平反。

五、增加教育經費，改善知識份子待遇。

六、修改北京市關於遊行示威的十項規定，保障憲法賦予公民的權利。

七、正確評價學生和市民的這次自發的悼念請願活動，並要求新聞媒介予以公正報導。

　　看了大學生們提出的要求，思緒把我帶回到一九五七年，當時的情景歷歷在目：反右運動無情地打擊了從一九五六年五月宣佈的著名的「百花齊放，百家爭鳴」政策及活動中產生出來的「毒草」，其實質是共產黨對知識份子階層中的持不同意見者展開的第一次大規模的殘酷進攻和殘暴的迫害，導致了中國政策自由化時期的結束。反右運動的背景是百花齊放與整風運動。百花齊放的方針是毛澤東在一九五六年五月二日最高國務會議上的講話中正式宣佈的。一九五七

年二月二十七日，毛澤東在最高國務會議上作了「關於正確處理人民內部矛盾的問題」的報告，三月十二日又在中國共產黨全國宣傳工作會議上作了重要講話。毛澤東在這兩個講話中，再次確認黨要忠實地執行百花齊放的方針，而且批評了有些人認為這一方針會導致全國性的騷亂的看法。他甚至為過去的花卉稀少感到遺憾，並請人們暢所欲言。他還告誡說，切不可用粗暴的、強迫的方法來解決思想問題以及宣佈黨中央決定該年就要在黨內進行一場整風運動。整風的目的之一就是要批評人們的思想方法和工作作風中的三種錯誤：主觀主義、官僚主義和宗派主義。接著，各省市的黨委宣傳部分頭作了兩個講話的傳達，動員各界人士參加幫助黨整風。

　　一九五七年春，人民大學大禮堂擠得滿滿的，門口還有人把守，一一清查進去的人，並一反常例地宣佈了嚴格紀律：「只許恭聽，不准記錄。」原來是播放毛澤東「關於正確處理人民內部矛盾的問題」的講話。「人民內部矛盾」這個概念，對大學生來說還十分新鮮，是第一次聽到這種講話。毛澤東的講話真是奧妙，耐人尋味，十分鼓動人心。大禮堂靜悄悄，沒有人閒聊、咳嗽，大家都專心致志的在聽著。廣播器裏播出毛澤東的原音：

> ……漢陽中學學生上街，上街有什麼不好；這也許是對付官僚主義的一種辦法，讓他們清醒一下也是好的。不這樣，怎能把官僚主義燒掉！……
>
> ……有人反對提王蒙到團中央，據說就因為他寫過那麼一篇小說。說這種人怎能進團中央。我就不服，寫得很好嘛，誰說在中央的所在地不會有官僚主義……

我心裏明白，毛澤東說的那一篇小說是指王蒙的《組織部新來的年輕人》。

> ……流沙河是有才華的，他的《草木篇》寫得不錯呀，有人說是毒草，我看不是；是不是毒草不能你說了算，可以討論嘛……
>
> ……史達林相當缺乏辯證法，在許多問題上他是主觀主義的，他就否認社會主義有人民內部矛盾……

從來馬克思、恩格斯、列寧、史達林都是神聖不可冒犯的，這是毛澤東第一次公開批評史達林。諸如此類的內容實在很多很多，多麼富於煽動的魅力，當場就有人被撩得熱淚盈眶。

到了後來，反右運動開始以後，報紙上才正式發表了這個講話的書面文件。一看，丈二和尚摸不著頭腦。公開的書面「講話」文字和原來的「講話」錄音原話對照起來，簡直面目全非；講話中的那許許多多富於煽動性的生動內容都不見了，卻另外加上六條辨別香花和毒草的標準。根據這六條標準，被刪掉了的那些生動內容，都該列入毒草的範疇；而這六條標準，同時也是劃分「右派」的主要依據。到這時候，才恍然大悟，「不准記錄」的意圖原來在此，奧妙非常，耐人尋味啊！

在「講話」錄音傳達以後，約莫一個月左右手，各地黨委號召用革命精神來「幫助黨整風」，全面鋪開「鳴放」，一連一、兩個月，紛紛召開了各種座談會。座談會中心只有一個：向黨和領導提意見。事先，領導動員說：「要求知無不言，言無不盡，不要擔心

講錯了會當右派。如果你不是右派，怎麼說也不會是右派；如果你是右派，不開口也始終是右派！」後來的事實證明了：只要領導要把你打成「右派」，你不開口或是只說一些無關痛癢的話，都逃脫不了你的「右派」命運。「右派」的罪狀，固然不少是在「鳴放」中針對黨或領導提出的意見、批評被說成是攻擊；但更多的是被刻意引申，甚至蓄意歪曲了的平日言行，無限上綱亂扣帽子，一棍子把你打成右派。

‥‥‥‥‥‥

想到過去，再看看現在的情況，大學生遊行、示威、請願，心中暗暗感覺到：難道歷史又會重演嗎？不！不會。現在已是八十年代了，過去悲痛的歷史人們不會忘卻，中國已進入了改革、開放的新時代，想念共產黨絕不會再重蹈覆轍吧！

3 北大大字報

1989年4月17日（星期一）

　　今天人民日報刊登了一幅群眾在天安門廣場人民英雄紀念碑前送花圈的照片。

　　北京大學、清華大學等一些高等院校的學生，紛紛自發地舉行了悼念胡耀邦同志逝世的活動。中央民族學院的校園內貼出了題為《快訊》的大字報，聲稱「北大、清華等二十多所在京院校均掀起了反對鄧小平、趙紫陽、李鵬的浪潮，以悼念胡耀邦。」中國人民大學也貼出了「幾條建議」的大字報，用醒目的大字寫著：「輓聯、花圈都送向天安門廣場集中；聯合成立首都各高校治喪委員會；重新評價胡耀邦的工作；廢除專制政治，建立民主政治的新秩序。」各個學校寫的輓聯和大字報的內容已經漸漸從個人哀悼轉為政治化，要求民主、批評當權者的政治改革。口號越來越多，哀悼之思一夜之間轉化為氣憤之情。

　　同昨天相比，今天到廣場送花圈的人驟然增多……。

　　八時三十分，紀念碑前就添了一個沒有落款的花圈，直徑約一公尺多。在輓聯的右聯上寫著：鞠躬盡瘁死而後已，左聯為：一身正氣兩袖清風。

十一時十分，在紀念碑北側的臺階上，新華社對外採訪室一名記者和清華大學的十幾名大學生和中央美術學院的一位女大學生，在談論對胡耀邦的看法，看起來談得很投機。

中午颳起了大風，不少花圈被刮倒。執勤的哨兵及時將花圈扶正，端放在碑基上。不少遊人擁在碑前觀看輓聯。

十四時三十分，中國社會科學院四十多名研究生結隊來到紀念碑獻花圈。同時，北京師範大學的二十多名學生也送來了一個花圈，上寫：師大痛悼耀邦千古。

十六時左右，第一支有五百人左右的悼念隊伍出現在天安門廣場西北角，領頭的打著「中國政法大學法律系」的旗子。「耀邦長存」的輓匾和一個兩公尺高的大花圈很醒目，花圈中央一個「奠」字。這支遊行隊伍沿著人民大會堂、正陽門和革命博物館繞場一周，尾隨圍觀者達兩千多人。將近十七時，這支遊行隊伍排列到紀念碑前。他們高聲唱起了《國際歌》，激昂地呼喊著：「民主萬歲，以法治國！」這是自胡耀邦去世以來的第一支遊行隊伍。

入夜後，紀念碑已封閉。突然有八十名大學生騎自行車來到廣場，要上紀念碑最高臺階上，經過執勤哨兵的解釋、勸阻，他們也不再堅持了。

深夜，北京大學一千多名學生，抬著一個大花圈，來到紀念碑前，一邊呼喊「打倒寄生蟲」等口號，一邊遊行。他們獻上花圈後，成群結隊的開始演講。

大字報的蜂擁出現，成群結隊的學生匯集在天安門，在廣場上發表演說，呼喊著口號。

一九五七年春，未名湖濱的政治氣候，還是春寒乍斂、輕雷隱隱的驚蟄時分。可是，不到幾天功夫，百花一夜齊放，而動力的源泉卻是生氣勃勃的年輕學生。

自從黨號召整風以來，北京大學的同學時時刻刻都在關心這個運動的開展。在那個年代他們熱愛黨，熱愛社會主義事業，希望幫助黨來洗滌塵垢。他們都迫切希望北大黨委會能大膽放手，讓大家來參加整風運動。起初，黨委對同學們的要求似乎估計不足，一直慢條斯理地按著既定的步驟進行，即首先只在黨內的負責幹部中進行整風，學生和一般教員中的黨員的整風則擬推遲到暑假中再進行，以免耽誤了同學們的學業。但是，年輕的小夥子和姑娘們卻自動地積極行動起來參加北大的整風運動了。第一張批評性質的大字報於五月十九日清晨出現在大膳廳的大字報，建議在牆上開闢一個民主園地來展開爭鳴，協助整風。這建議在同學中引起了熱烈反響。大字報一張接一張地貼了出來。許多人都認為言路大開，民主氣氛突增，為幾年來所未見的好現象，是對北大領導的一副治病救人的清涼劑。

可是，就在當晚舉行的團員大會上，某黨委當眾說：貼大字報不禁止，不過這並不是好形式。這番話激起了許多人的不滿。第二天清晨，同學們在大膳廳及附近宿舍的牆壁上，就象「忽如一夜春風來，千樹萬樹梨花開」般貼滿了形形色色紅的、綠的或是用舊報紙寫的大字報。

這裏有尖銳的雜文、短評，有馬雅可夫斯基式的短詩，也有開門見山的口號和極盡諷刺之能事的對聯與漫畫。

大字報揭露了某些黨員的特權思想和宗派主義傾向，和一般同學之間隔著一道藩籬。也批評了一些具體措施。大家都認為在政治課教學中存在著嚴重的教條主義，不過有人認為應乾脆取消，或改為選修，有人卻主張仍應必修，但要好好改造教學。校務委員會的作用應當加強是大家幾乎都一致強調的，但有些人主張取消黨委負責制，而另些人則認為絕對不能取消。不少專業的同學要求學校給予應有的重視，明確培養的目標是什麼；有的則對在入學時硬行分配專業表示反對；同學們還普遍要求，擴大選修和旁聽範圍……等等。

從早到晚川流不息的人群圍著大膳廳及附近樓房的牆壁在看大字報，就在牆根前或是宿舍裏，教室的過道或是湖邊的草地上，展開了熱烈的討論和爭辯。自由鳴放的風氣頓時彌漫全校。二十日晚，黨委會召開全校師生員工大會，指出目前北大的民主氣氛空前高漲，思想異常活躍，而大字報則是提意見的有效方式，黨委完全加以支援，希望大家能採取多種多樣的方式來協助黨向三害作鬥爭。

大字報在北大更加活躍起來了。大膳廳周圍所有可利用的牆壁和立面都貼滿了大字報。這兒出現了「民主牆」，那邊增闢了「自由園地」、「民主論壇」，有個人屬名的，有幾人合出的，也有班、系學生會主辦的。據一位同學的統計，截止二十二日晚，已貼出了五百多份大字報。

它們所爭論的範圍極其廣泛。絕大多數大字報是真情流露肺腑之言，對整風很有幫助，但也有人認為有些是趁機發洩私憤的。有

的大字報說，這裏雜有毒草，要求把毒草拔掉；但也有人認為毒草何足為懼，倘要把毒草拔除則連香花也會遭殃。爭論的用語極其尖銳，提名道姓，毫不容情。有些人擔心學生可能鬧得過火了。絕大多數認為這是杞人之憂，正像翦伯贊教授所說的：同學們從前有意見沒講出來，直到今天才講，所以情緒上有些激昂是可以理解的。大字報就像是一家裏面的人說話，沒有什麼可怕的，應該大放大鳴。馬寅初老校長也認為大家在大字報上暢所欲言是好現象。

就在這時候，不等規模的、自發或是有組織的辯論會紛紛展開了。在大膳廳前的廣場上，就像是英國的海德公園一樣，成千的同學在傾聽一場接一場的激烈辯論。學生從下午五時到十時是辯論時間，專門闢了兩個教室並在廣場上搭起講臺，裝上播音器供辯論之用。校刊、播音台、黑板報也都刊載同學們爭鳴的論點和情況。

在具有光榮革命傳統的北京大學，八千多顆年輕的心熾烈地燃燒起來了。他們本著愛護黨和崇高的社會主義事業的意願，毫不妥協地向「三害」作鬥爭。他們的暢所欲言，鼓勵了不少參加整風的教員們也勇氣百倍地站起來揭發學校領導方面的錯誤和缺點，大大地推動了北大的整風運動。

4　詩：〈是時候了！〉

1989年4月18日（星期二）

　　大字報、小字報、標語、口號、傳單和輓聯像狂風驟雨，攪得滿天星斗都湧動了。大學生們行動起來了，在大學的校園裏，到處是貼大字報和看大字報的人，大家都無心上課。北京大學、清華大學等院校的一些大小字報，有的說共產黨是「一代奸黨」、「是個即將潰滅之組織」，有的說老一輩革命家是「朽翁聽政」、「獨裁集權」，有的指名道姓地逐個詳說中央領導同志，說什麼「不該去的去了，該死的卻沒死」，有的要求「撤換無能政府，推翻專制君主」北京航空航太大學貼出了《告全體同胞書》，要求「取消共產黨一黨專政，實行多黨制」，「取消各團體、軍隊、學校、單位的黨支部和政工幹部」，有的發表《私有制宣傳》，號召「早日敲響公有制的喪鐘，去迎接共和國新的明天」，有的還提出要「邀請國民黨回大陸，建立兩黨政治」等等。許多大小字報還提出「打倒鄧小平，結束老人政治」。僅僅兩三天的時間，學潮迅猛發展。遊行、集會從校內擴展到校外。聲勢越來越大，有成千上萬的學生走出校園，走上了街頭，到天安門廣場示威，政治口號越來越明確。

今天凌晨，北京大學學生王丹在人民英雄紀念碑前發表演講，提出學生遊行請願的要求：重新評價胡耀邦同志的是非功過；徹底否定反對資產階級自由化，為反自由化中蒙受不白之冤的公民平反昭雪。清晨，在天安門廣場靜坐示威的同學都擁到人民大會堂前，呼喊著口號，提出要向人大常委會遞交請願書。學生們扯起一條長七公尺，寬約二公尺的白布橫幅在紀念碑上，上面寫著「中國魂」三個字。

上午十時許，清華大學的數百名學生來到天安門廣場，給紀念碑送來了一個花圈。接著送花圈的人越來越多。過了中午，到廣場的學生不斷增多。下午十四時四十分，一群機關幹部送來了一個花圈，上面寫著：國家物價局全體團員敬獻。這是政府部門送來的第一個花圈。十六時十分，北京經濟學院經濟系的大學生，整著隊伍打著旗幟進入了廣場。過了十五分鐘，中央民族學院的學生，抬著大花圈來到廣場。還有其他高等學校的上千名學生也陸陸續續來到天安門廣場。他們在人民大會堂門前高呼：「李鵬總理，你在哪裡？要求對話，為何不理！」「李鵬，出來！出來，李鵬！」

晚上十九點五十分，人大常委會才委派了全國人大代表陳希平、劉延東、宋世雄等人在人民大會堂東門外，從學生代表郭海峰、李京津二人手裏接過了《十點示威要求》和《七點要求》的請願書。學生代表提出要委員長出面對話的要求，而這三位人大代表卻推託說，請委員長出面要有一定的程序，並勸告學生退離天安門廣場。學生們不肯退出，並高呼：「不達目的決不甘休！」

夜裏，天安門廣場聚集的人群越來越多，除了呼喊口號外，學生們舉行了集會。有的演講，有的發傳單，還有的朗誦即興創作的詩歌。

一九五七年五月，當「民主牆」剛出現於北大時，就貼出了一首〈是時候了！〉的短詩。它立刻在同學中引起了熱烈的反響。很多人認為這首詩反映了校園內大部分年輕人共有的心情，鼓舞了大家向學校裏的官僚主義、宗派主義和主觀主義作鬥爭。但也有一些人認為這首詩過於偏激，基調不健康，把整風的目的和「五四」運動時所反對的對象混淆，因而是不利於整風的開展的。於是有人寫了「朋友，把時候搞錯了」的大字報來反駁，有人貼出「拔掉這根毒草」的標語。但不管怎樣，從早到晚都有人在圍著這首詩，用小本子把它抄下來。

是時候了！

北京大學中文系學生　沈澤宜　張元勳

（一）

是時候了，

　年輕人，

　　放開嗓子唱！

把我們的痛苦

　　　和愛情

一齊都瀉到紙上！

不要背地裏不平，

背地裏憤慨，

　　　背地裏憂傷。

心中有甜、酸、苦、辣，

　　都抖出來

　　　　見見天光。

讓批評和指責

　　　　急雨般落到頭上，

新生的草木

　　　從不怕太陽的照耀！

我們的詩是一支火炬

燒毀一切

　　　人世的藩籬。

它的光芒無法遮攔，

　　因為，它的火種

來自——「五四」！！！

（二）

是時候了，向著我的今天

　　　　我發言！

昨天，我還不敢

　　彈響沉重的琴弦

我只可用柔和的調子

　　　歌唱和風和花瓣！

今天，我要歌唱起心裏的歌

　　作為一根巨鞭

　　　鞭笞死陽光中的一切黑暗！

為什麼，有人說：團體裏沒有溫暖？

為什麼，有無數牆壁隔在我們中間？

為什麼，你和我不敢坦率交談？

為什麼，…………？

我含著憤怒的淚，

　　向我輩呼喚：

　　　歌唱真理和弟兄們

　　　　快將火炬舉起

火葬陽光下的一切黑暗！！！

　　激烈的爭論開始了。作者沈澤宜、張元勳（北大詩社負責人）親自端了板凳，在北大新興的「海德公園」捍衛自己詩的論點。他們說，「沉重的琴弦」是符合實際的，因為生活在「三害」氾濫的環境中，青年的心境是會有沉重之感的。「人世的藩籬」「陽光下的陰暗」也是事實上存在的。「火種來自五四」這名話完全正確，因為我們所繼承的是「五四」革命和民主的傳統，我們不單要用這火炬向封建主義作鬥爭，也要用來摧毀「三害」

　　〈是時候了！〉的作者在辯論中得到許多人的支持，許多原來反對它和懷疑它的人，也認為這首詩對北大整風的開展起了肯定的作用。有人貼出大字報說：「北大詩人的桂冠，應授予〈是時候了！〉的作者。」

5 北大參觀記

1989年4月19日（星期三）

　　新華門是北京市中南海的正門，又稱國府門。它坐落在西長安街上，東接天安門，西鄰六部口，莊嚴蕭穆，崇高神聖。門前有國旗迎風飄展，門西邊有雄獅巍然聳立。新華門是中共中央和國務院所在地，是全世界矚目的地方。昨天晚上十一時左右，就在這個地方靜坐的大學生約有二千多人衝擊了新華門。他們圍聚在新華門前，堵塞了長安街的交通，呼喊著「李鵬出來！」的口號，每隔半小時向新華門衝擊一次，一直到今天凌晨四時二十分。北京市政府在現場廣播了通告，指出衝擊黨政機關是違法的，是法制不能允許的，這已不是正常的悼念活動，並要求在場的人群離開現場。清晨五時許，在工作人員和值勤武裝員警的干預和疏導下，圍聚在新華門前的人才逐漸散去。這是中國共產黨奪取政權，建國以來從未有過的事情。

　　一大早，在天安門廣場的紀念碑西側浮雕上出現了標語：「求救，今早在新華門有學生被抓！」在紀念碑東側，貼有一首詩：「英靈不散，六神不安，回首顧盼，再搬三山」。北京中醫學院一百餘名學生送來了一個特大的花圈；同時中央工藝美術學院近

二百人抬著一幅約兩公尺高的胡耀邦巨幅畫像來到廣場，學生們抬著畫像在廣場遊行一周後，放在紀念碑最高的臺階上。緊接著，北京理工大學二百餘人也來了，他們把一幅五公尺長的大橫幅繫在紀念碑上。學生越來越多，圍觀的市民也很多，天安門廣場的人群沸騰起來了。

今天，北京大學的學生公開宣佈除「官方」的學生會和研究生會，成立了學生自己的組織，推選出王丹、封從德、熊炎等七人組成的「北大團結學生會籌備委員會」。中午，首都高等學校的學生及市民約二十萬人聚集在天安門廣場人民英雄紀念碑前，悼念胡耀邦同志。花圈、輓聯、哀樂和人潮將這座巨碑包圍。下午二點左右，悼念活動達到了高潮，一幅寬二公尺，高三公尺的胡耀邦遺像被送上人民英雄紀念碑的北面第一平臺，巨幅畫像兩邊書寫著「何處招魂，中央美院敬輓。」巨幅畫像安放在紀念碑鐫刻的「永垂不朽」大字的下方。天安門廣場上，數不清的人頭，數不清的黃色皮膚，數不清的黑眼睛，都朝向一個方向——人民英雄紀念碑上的胡耀邦的遺像，高唱著國際歌。這雄厚、莊嚴的歌聲震盪著廣場，廣場激盪中華民族的良知。

我看到如此雄偉、壯觀的場面，一方面欣喜若狂，另一方面也感到有點「吃驚」。記得在一九五七年我曾有過一次這樣的「吃驚」。那就是我們中國人民大學的學生會，曾組織同學們去北京大學「參觀」和取經。那一天，我抱著好奇地心情去了，下面一段文字是當時寫下的，題目是「北大參觀記」。

觸目驚心──控訴！

在風平浪靜的人民大學生活慣了的我，剛跨進北京大學，迎面一陣疾風吹得我搖擺了一下。走進北京大學大門還不到二十步，迎面貼著一張快報，上面寫著：「昨晚在X室舉行控訴會，控訴人當場痛哭失聲！今晚X時在X室繼續控訴會！」這幾句話引起了我的「條件反射」，我不安地問二位陪我們參觀的北京大學的同學（都是黨支部書記）「什麼？控訴？控訴誰？控訴黨嗎？」誰知他倆根本不當一回事似的回答：「不，控訴『三害』。走吧！這沒有什麼，精彩的還在裏面呢！」

879張大字報

二位同志對於「控訴會」用「精彩」這樣褒揚的詞不達意來描寫，我是有點憤然的。可是，那時候已經不容我想得太多，在面前展開的情景，已經是叫我目瞪口呆了。北京大學是一所中國較大的學校，教職員工和學生是上萬人的。在大飯廳和眾多的教室前後那一大片牆壁上和壁報欄上，已經都密密麻麻地貼滿了大字報、漫畫、詩歌……四天內已經貼出了八百七十九張大字報。令人吃驚的是大字報的內容。在大字報上，有這樣的口號：「胡風不是反革命，重新審訊胡風。」還有許多共產黨員是爬在人民頭上的特權階級等話的文章。

這是對黨員的考驗

　　北京大學的二位同學大概看出我的思想有點混亂了，說道：「等一下再仔細看吧，現在先找一個地方坐下來，我們給你介紹一下情況。」我們坐下後，他們就談開了。他們說：「外面都在說北大的整風搞亂了。前幾天，我們也覺得搞亂了。實際上，是有點亂。可是，我們覺得這次運動，對我們黨的整風起的是積極作用，卻不是『亂』所能否定的。」談起亂，我當然很關心，就問他們到底亂到什麼程度。他們笑著說：「提起出『亂子』還和你們人民大學有些關係。你們學校法律系不是有一個林希翎嗎？她過去被中國青年報粗暴地批評過，說她的靈魂已經腐爛等等。雖然後來她作了檢討，她心裏難免仍然存在怨氣。前幾天，她到我們這裏來，有人請她講話，她就很激動地在群眾大會上批評了共產黨。其中，還說了一些沒有根據的話。什麼黨內大部分高級幹部對百家爭鳴思想想不通，毛主席作報告時百分之八十的高級幹部退出會場等等。那天，聽林希翎講話的人中有不少黨團員，聽到這些毫無根據的話，以及胡風不是反革命等言論，沉不住氣了，不許林希翎再講下去，把她轟下了台，並高呼中國共產黨萬歲的口號。但仍有不少同學卻支持林希翎，堅持要求林希翎講下去。這時，秩序亂了。亂中有人打了三位同學（未查出誰打的）。這樣，在整風中就造成了黨和群眾的新的隔膜。不過，黨看到了這個問題，加強了

教育。教育黨員不要用轟和壓的辦法去阻礙群眾發表意見的積極性，堅持說服的辦法。我錯了，我承認錯誤；你錯了，我批評。這樣，整風便進行得比較好了。」談到這裏，二位北大的同學很感慨地接著說道：「整風對每一個共產黨員是嚴重的考驗，稍不警惕就會用宗派主義的情緒去壓制群眾的意見。也有可能在風浪中站不穩立場的。有一位黨員過去當過政治教員，最近卻對胡風是否反革命分子都懷疑起來了。」

真理愈辯愈明

聽了這一番話，我心中仍舊存在著一個大疑團。我問道：「你說情況比較正常了，那麼為什麼大字報上的反動言論那麼多呢？」他們答道：「我們邊看邊談吧！」在壁報欄上，我看到一篇用畢業論文體裁和口氣寫的文章，內容是「介紹升官發財的途徑」，什麼「先要堅持做幾年積極分子，吃點苦，黨的話句句奉為金科玉律，向黨報告群眾的落後思想……這樣就可以入黨。入黨以後，就可以步步高升、平步青雲，享有一切特權……。」這當然是歪曲了黨。我正想說話，二位北大的同學說道：「你再看看旁邊的文章吧！」我仔細一看，旁邊有好幾篇批判這篇文章的大字報，用許多事實粉碎了這篇文章的言論根據。我又看了不少大字報，發現大部分顯然是錯誤的言論都遭到批判；有些理論性的問題，大小字報在牆壁上互相熱烈地爭論著。這些都給了

我一個印象：只要貫徹百家爭鳴的精神，互相說服的辦法，真理是經受得起考驗的，真理是愈辯愈明的。

一個臨時露天辯論會

壁報、大字報儘管五光十色，豐富多彩，但當我看到一群同學在壁報邊忽然舉行辯論會來，我就立刻被辯論會吸引過去了。在那堵牆前，據說已經辯論過幾次了，那是幾個自稱「黑格爾‧恩格斯學派」同學的講臺。那天，「黑恩學派」的一位代表，表示中國的民主不符合人民的要求，中國的民主不好。有人也站上幾條凳子搭成的臺子上去，反駁「黑恩學派」的代表，要他回答：「中國的民主與美國的民主，與一切資產階級的民主比較，誰更民主。」「黑恩學派」代表回答道：「現在官方的宣傳，說美國是『假民主』，而我們中國就連這虛假的民主都沒有，這是不能比較的。」有人抓這一點質問道：「不能比較，哪來好，哪來壞？」並舉出中國人民民主專政的一些事實來駁斥「黑恩學派」「黑恩學派」的人也不示弱，也列舉了美國的兩黨制進行了反駁。

搞得好還是搞糟了

雖然我們在北京大學只轉了一圈，三個多小時已經在不知不覺中過去了。我看到通知欄上，晚上還有演講會、控訴會、辯論會的通知。活動形式多種多樣，內容又是那麼豐富

多彩，我們又怎麼看得過來呢！我們只能再請二位陪同我們參觀的北大同學講一講。

　　我問道：「你們覺得整風中出現的哪些形式最好？」他們答道：「很難說，同樣一個形式用得好就好，用得不好就會產生副作用。比方說吧！你們看到的有些漫畫，對官僚主義揭露得那麼深刻，可是有畫了一幅這樣的漫畫，把林希翎畫成一貫道的點傳師。手裏搖著迷魂鐘。用這種人身攻擊的辦法，就不僅不能解決問題，反而會造成思想上的對抗，造成新的不團結。」「再說控訴會吧！這個名稱不恰當，也有人在會上把許多捕風捉影、道聽塗說的事情來瞎控訴。可是，用嚴肅態度對待整風的同學，卻在控訴會上揭發了許多三害的事實，對幫助整風有很大幫助。總而言之，只要黨是積極去領導整風，不壓制民主，也不聽任錯誤思想氾濫，而是正確貫徹百家爭鳴的方針，各種形式都有助於整風。」

　　我們又足足談了二個多小時，到晚上七點鐘時，因為他們要去開會，我們只得告別回中國人民大學了。在回校的路上，我想北京大學是搞好了還是搞糟了呢？我覺得很難說絕對的好或者絕對的糟。他們是亂過一陣的，可是當黨正確地把整風領導起來時，民主空氣真正發展起來了，思想真正解放了，馬克思主義也正在百家爭鳴中發展。我想總的說起來，北京大學沒有搞糟，北京大學不愧有著「五四」的民主傳統，他們有許多東西值得我們學習。我想中國人民大學以

穩步前進自傲，我們也的確沒有「亂」的現象。可是，我們的腳步，卻已經確實落在別人的後面，我們必須趕上去。

6 林希翎

1989年4月20日（星期四）

　　今天，天安門廣場上細雨霏霏，有兩所高等學校的學生在人民英雄紀念碑下手持血衣，聲淚俱下地向人們訴說著當日凌晨，員警在新華門前毒打學生的悲慘事件。全北京高等學校的學生紛紛舉行集會，聲討政府鎮壓學生的暴行。

　　消息傳來：昨夜在新華門前靜坐的學生和群眾達二千多人，要求國家領導人出來對話。今天零點左右，新華門前出現大批軍警，他們強力驅散群眾。大部分學生、群眾被驅趕至新華門兩側的長安街上，新華門前僅留下二百名學生圍坐在門前，堅持不走。三點多鐘，當局對新華門前靜坐的學生播放了最後通牒：「少數知識份子在鬧事，圍觀群眾、記者在二十分鐘內離開，否則後果自負。」並勸其靜坐的學生離開。同時強力驅趕外國記者。到四點二十分左右，首都部分高等學校的教師和領導被派來認領本校學生。限定十分鐘後一切「餘人」全部離開新華門。這時，在新華門前僅剩下二百餘名靜坐的學生和近千名防暴員警。忽然一聲令下，軍警們瘋了一般，衝向手無寸鐵、毫無準備的學生，高喊著「打死他們！」「往死裏打！」銅頭皮帶抽向文弱的學生。訓練有素的武功，強加

於年輕人的軀體上。原來秩序井然的學生隊伍，一下沒有了寧靜。哭喊聲、罵聲、被打得慘叫和打人的狂嘯混雜在一起。三、四個員警圍住一個學生一頓毒打，鞋子打飛了、頭髮被揪下、衣服被撕破。兩、三個員警架著一個被打傷的學生，扔上一輛已塞滿人的公共汽車。被扔進車中的人有的抗議、有的發怒了，「文明」的員警又衝上去把罵娘的人揪了下來，又是一頓打。被毒打的學生狂喊亂叫，長安街寧靜的黎明被打破了，到處回蕩著同學們的叫罵：「機器！」「走狗！」「打倒法西斯！」並有人打碎了公共汽車的後窗玻璃。這時，一位靠近中門的女學生高喊道：「打倒共產黨！」四名員警迅速跑過來，要將她拉下車抓走，車上的學生一轟而上，將她拉到車廂裏保護起來。另一些學生則擠到車門口，又推又打，阻擊員警上車。車門很小，加上眾多的學生堵住車門，員警根本無法上車，只好放棄。最後，公共汽車載著哭聲、載著失落的心，載著無限悲哀和愁悵往遠去了，留下的是一片令人哀傷的陰影籠罩著這寂寞無聲的冷清的新華門。

上午，在紀念碑和天安門廣場的燈桿上，在全市的立交橋的牆壁上，在全市所有主要的交通大道上，到處都貼著「四‧二〇血案」的傳單。傳單上寫道：員警在新華門前打人，不光打了學生，還打了婦女和小孩。有的傳單甚至還說：「一千名科技工作者倒在血泊中」。這個消息很快傳遍了北京，北京市人民議論紛紛，沸沸揚揚。下午，一群大學生來到天安門廣場，當他們看到執勤的武警戰士時，都怒目相視，有的向武警吐唾沫，罵員警是政府的走狗。有的還高高舉起拳頭，喊叫道：要向武警討還血債。

　　真不敢相信這件事是真的。這傳來的消息可靠嗎？正當人們猶豫、懷疑、思考的時候，得到了官方的報導，中共北京市委宣傳部是這樣宣佈的：「四月二十日，發生衝擊新華門事件，圍聚在新華門前的一些人在拂曉前由值勤員警送上大型交通汽車回學校在這個過程中，雙方曾發生互相推拉和撕打的現象。有人就造謠，『員警在新華門打人，不光打學生，還打了工人、女人和小孩』，『一千多名科技工作者倒在血泊中』，編造了所謂『四・二〇慘案』。與此同時，又製造什麼警車軋死師範大學學生的謠言，引起了許多不明真相學生們的同情和憤怒。」這份官方的公告中，也承認了有「互相推拉和撕打的現象」。

　　是的，謠言是一把殺人不見血的刀子，它的禍害是一些卑鄙、無恥的手段都不能比擬的。特別是「官方」睜著眼睛說瞎話、製造出來的「謊言」，就顯得更為狠毒、無情叫人心寒了。

　　一九五七年春的鳴放活動中，林希翎在北京大學和人民大學的自由論壇上，發表過六次演講。演講的內容涉及面較廣，從中共當時的政策，到上層建築與經濟基礎的弊病，幾乎都發表了不同的政見。當時，不少人說她有一個「思想體系」，是「有組織有計劃有綱領地全面向黨進攻」。因為她的這些演講我都沒有去聽，人云亦云，也曾感到疑惑。有一次就問林昭：「你認不認識林希翎？她到你們北京大學演講說了些什麼？」林昭笑了笑，說道：「我認識她，可她卻不認識我，因為我僅僅是一個聽眾。」隨著拿出日記本，說道：「我的日記上記得有，你自己看吧！」

林昭在一九五七年五月二十三日的日記，是這樣寫林希翎的：

> 林希翎，這位中國人民大學法律系四年級的姑娘，今天來到我們學校參加三千人的辯論會，發表了許多令人吃驚、羨佩、高妙的言論。她穿著一身褪了色的軍裝，她講了一會兒，脫掉外衣，露出白色的水手上裝，頭上翹著兩隻白蝴蝶結，一口氣講了十三個問題。她說毛主席在最高國務會議上提出解決人民內部矛盾的問題時，有百分之八十的人不同意，有的高級幹部還中途退席。因此，中央最近就要「收」了……一切統治者都有共性和局限性，一旦執政就要鎮壓人民……我們現在過的不是真正人的生活。她認為整風是改良，我們不要改良！要作根本的改革。林希翎的講話把未名湖的風浪推向了高潮。有人反對她，說她是散佈反黨反社會主義的煽動性言論。但也有人稱讚她，甚至高喊「林希翎萬歲！」說什麼「我願和美麗的林希翎攜手前進」。總之，她一夜之間成了新聞人物，成為大家談話、辯論的中心。
>
> 林希翎的確是一個相當「潑」的姑娘，儘管她的講話、措詞比較尖刻，情緒偏激，有些地方說得太過份，不夠嚴肅。但我認為她的心是善良的，是有著一股對於黑暗和醜惡的憎恨，以及對於美好社會生活追求的熱情，這就是我們年輕一代的特性。人類的心靈應當一代比一代美好，正是依靠這種美好的心靈，我們才能夠把人類引向共產主義。當然，我們年輕人是狂熱的，不成熟。但是，在生活的浪濤中，我們會成熟起來。現在主要任務應當是廣泛開展自由爭論，全

面揭露矛盾，使人民從盲從的睡夢中蘇醒過來，根除三害，擁護一個最完善的社會制度及一個最正確的領導。在我們的國土上建設成為方志敏烈士所說的「到處都是活潑的創造，到處都是日新月異的進步，歡歌代替了悲歎，笑臉代替了苦臉，富裕代替了貧窮，健康代替了疾苦，智慧代替了愚昧，友愛代替了仇殺，生之快樂代替了死亡之悲哀，明媚的花園代替了淒涼的荒地」

林昭在這天日記的後面，還錄了林希翎在辯論會上的發言摘要。

林希翎在北京大學五月二十三日辯論會上的發言（摘要）

我今天很激動，到北大吸到了新鮮空氣，而人大是教條主義的大蜂窩，官僚氣太重。北大到底是北大，繼承了五四的傳統。

胡風是不是反革命：這個問題還不能肯定，現在下此結論，未免過早。證明胡風集團是反革命的材料都是非常蒼白無力的，荒謬的。

我過去也寫過文章批判胡風，現在想起來真是幼稚，很可恥。

胡風如果是反革命，那為什麼他把自己的綱領提給黨中央呢？這不是自找苦吃嗎？不管他的綱領正確與否，是不能採取鎮壓的手段的。為什麼向黨中央提意見就是反革命呢？這就是史達林主義的方法，這就是宗派主義！胡風當時批評的宗派主義，實際上還沒有現在揭露的現實生活的百分之一！

　　胡風的意見書基本上是正確的，胡風提出要辦同仁雜誌，現在看來很正確，他批評庸俗社會學，要動搖機械論的統治是對的，因為現在的文藝創作中公式化要領很嚴重。文藝是反映生活的，現在的生活就是公式化概念化的，機械的單調的。黨現在提出的「百花齊放，百家爭鳴」同胡風所提的基本一致。胡風反對毛主席「在延安文藝座談會上的講話」，毛主席說文藝要為工農兵服務，這個講話是抗日時期發表的，不適用了。毛主席的話又不是金科玉律，為什麼不能反對呢？胡風對社會主義現實主義有不同的意見，現在百家爭鳴，很多人不是也有不同的意見嗎？劉紹棠就發表了一篇文章，不贊成社會主義現實主義。胡風反對宗派主義，黨內是有宗派主義的，胡風觸犯了文文藝界的首長周揚、何其芳，所以才整他。

　　胡風分子中有個別人如綠原、阿壠有歷史問題，但並不都是反革命分子，例如謝韜就是個很好的教員，很早就搞革命運動。總之從三批材料來看，不能說胡風是反革命。胡風的問題假使發生在史達林問題揭發後，或波匈事件後，提出整風的今天，就不會那樣處理。當時太粗暴了。胡風的綱領若在今天提出來，也不會說他是反革命。若是魯迅提出來，就更不是反革命了。

　　說他們通信秘密，哪個人通信不是秘密的呢？說他們私人間的友誼是小集團。這就使得人相互不敢說真話，難怪有人說共產黨六親不認了！按照法律只有企圖推翻政權的才叫反革命分子，而胡風顯然不是這樣的。

今年四月，最高檢察院譚副檢察長到人民大學作報告時，有人問他胡風問題怎樣了，他說：「現在偵查工作已經結束，但胡風很不虛心！不接受意見！」同志們，這說明什麼呢？根據譚副檢察長的話，胡風能算反革命嗎？兩年還不公佈胡風案件的下文，我看共產黨很為難，沒法下臺，知道錯了又不肯認錯，估計毛主席可能有兩種心情：一、明知錯了，不承認；二、毛主席自己明白了，但高級幹部中很多人還不通。現在若對胡風平反，是有困難的。聽說毛主席在一次講話中提出正確處理人民內部矛盾的方針，有百分之八十的高級幹部不同意，當時有一些高級幹部還退席了。

胡風問題是人民內部矛盾問題，當然矛盾是會轉化的，如果逼上梁山的話。從赫魯雪夫在二十大所作的秘密報告可以看出，季諾維也夫、布哈林也是被逼上梁山的。我們知道列寧在的時候，季諾維也夫曾出賣過情報，而列寧仍讓他當中央委員，在革命勝利後史達林消滅了他們的肉體，這是史達林的專橫。

赫魯雪夫否認美國國務院發表的關於史達林問題的秘密報告，說是美國間諜機關捏造的，這多麼笨，真是撒下了彌天大謊，如果說是間諜搞的，那個間諜就是赫魯雪夫自己！

《史達林時代》一書出版了，這本書很好，斯特朗是個真正的社會主義者，他對蘇聯的情況很瞭解，但這本書只賣給十一級以上的幹部看。蘇聯說這本書是反動的，文匯報登

出了幾章，蘇聯看到以後還質問我們，這不是蘇聯干涉我國內政嗎？

我國也是肅反擴大化，我們的法制是不健全的。我曾經在區法院實習過，知道最近人民代表要去檢查肅反工作，我看到從法院、檢察院到公安局，都忙著修改案卷，起訴書錯了的修改，沒有理由的補上理由，這一定是中央佈置的，但是這還叫人民代表檢查什麼呢？

我很同意南斯拉夫關於個人崇拜是社會制度的產物的意見。人們罵鐵托、卡德爾是修正主義，可是論點蒼白無力！

馬克思主義告訴我們，所有社會現象都有社會歷史根源，史達林問題絕不是史達林個人的問題，史達林問題只會發生在蘇聯這種國家，因蘇聯過去是封建的帝國主義國家，中國也是一樣，沒有資產階級的民主傳統。法國則不會。我覺得公有制比私有制好，但我認為我們現在的社會主義不是真正的社會主義，如果是的話，也是非典型的社會主義。真正的社會主義應該是很民主的，但我們這裏是不民主的，我管這個社會叫做封建基礎上產生的社會主義，是非典型的社會主義，我們要為一個真正的社會主義而鬥爭！

我知道有很多人願聽我的話，但也有些人害怕我的講話，我要講下去。現在共產黨的官僚主義、主觀主義、宗派主義很嚴重，我們不要以為共產黨用整風的辦法，採取改良主義的辦法，向人民讓點步就夠了。我經過研究認為歷史上

所有的統治階級都有一個共同點，他們的民主都有局限性。共產黨的民主也有局限性，在革命大風暴中和人民在一起，當革命勝利了他們爬上了統治地位，就會產生思想上的局限性，就要鎮壓人民，採取愚民的政策，其實這是最笨的辦法。

北大是放了，但我對整風還是不大樂觀，因為還有很多衛道者，他們把先烈用鮮血換來的社會主義成果，作為他們向上爬的臺階。聽說現在有風聲要收了，想封住人民的嘴巴，這是最愚蠢的！北大是放了，高級知識份子是放了，但廣大基層還沒有放，現在揭發的遠不及現實生活中的百分之一，別看報紙上天天登了很多問題可是都是上層民主人士揭發的，這些人年紀大，很世故，他們講的材料很少，不夠我們研究的。我們青年長個腦袋是幹什麼的呢？難道是讓人家牽著鼻子走的嗎？我們要說話。

北大這樣做，是個良好的開端。現在，西北、武漢、南京等地到處學生都動起來了，可就是互不通氣，報上不報導，這是封鎖新聞；而我們說錯了一句話，他們就可能鑽空子、抓小辮子，我們應該警惕啊！我們是正直的人，正直的人到處都有，大家要聯合起來！匈牙利人民的血沒有白流！我們今天爭到這一點小小的民主，是和他們分不開的！人民群眾不是阿斗，真正要解決問題只須靠歷史的創造者人民群眾行動起來！我這樣講，並不害怕，我的朋友經常對我說：小鬼，我們都要給你送牢飯了，雖是笑話，也有可能，你們

不歡迎我，我就滾蛋，我既然到這裏來，就是冒著危險，坐牢也沒關係！

我們今天的鬥爭不是發發個人牢騷，對一切缺點不能用改良主義的辦法！我們的目的很明確，為了建立真正的社會主義，為了過真正人的生活。

7 人民大學鳴放會

1989年4月21日（星期五）

　　血是熱的，青年人的血更是火熱的。「四・二〇」新華門事件的種種傳言，極大地震怒了大學生們。北京大學、清華大學、中國人民大學等十九所高等院校的成千上萬的學生，匯集成一支浩浩蕩蕩的遊行大軍，走上街頭遊行示威，走向天安門廣場為民請願。響亮的口號聲震盪著整個北京城。「悼念胡耀邦，加速中國的民主進程！」「抗議新華門『四・二〇』血案，清算法西斯罪行！」「員警毆打學生，嚴懲元兇！」北京的街道上，一隊隊示威遊行的隊伍打著校旗，舉著花圈，高喊著口號走過。有北京航太航空大學的，有北京鋼鐵學院的，有北京工業學院的。還有一支與眾不同的隊伍是從天津趕來的南開大學赴京請願團。沿途群眾夾道鼓掌表示敬意，有的送水，有的遞黃瓜、葡萄。還有的市民舉著「平平安安回家來！」的橫幅，表示對學生的同情和聲援。學生們高呼「理解萬歲！」「人民萬歲！」相互鼓掌致意。數萬名學生在天安門匯集成了一片憤怒的海洋。

　　今天送花圈遊行的人更多了。上午，有一千多人在毛主席紀念堂東側遊行。十一時，中國新聞學院上百人抬著花圈和橫幅來到廣

場，他們爬到紀念碑最高的基座上，把花圈和橫幅掛在上邊，不斷地呼喊著口號。緊接著，中國財貿學院百餘人也來了，在紀念碑前高唱《國際歌》。下午三時三十分，清華大學、北京大學等學校有三千多人，衝到人民大會堂東門外，聲稱要瞻仰胡耀邦遺容。

天安門廣場的人越來越多了，有些學生、工人、機關幹部和市民。從傍晚到午夜，成千上萬的大學生，一隊隊一群群，唱著《國際歌》，喊著「自由萬歲」等口號，浩浩蕩蕩湧向廣場。有的還叫喊道：「我們一直坐到明天，看他們怎麼來請走我們！」

北京市人民政府發出通知：「為了保證明天上午追悼大會的安全，晚上八時要對天安門廣場進行清場」。實際上，已不可能了，確實無法清了，被激憤的人民是誰也趕不走的。學生們怒吼了！面對著這驚心動魄的壯觀場面，中國社會科學院的辦公大樓外面的牆壁上，貼出了四十七位著名學者、作家和社會名流的簽名的《致中共中央、人大常委會、國務院的公開信》。

公開信中寫道：「近日來，北京高校學生通過多種方式悼念胡耀邦，在於耀邦先生的民主形象深入人心。學生們在悼念活動中提出了許多加快民主進程的要求，這是可以理解的。……我們認為學生們的上述要求是積極的，建設性的，對於解決中國目前的困境，收拾民心，共渡難關，提供了一些根本性的良策。我們建議黨和國家領導人聽取學生們的願望和要求，直接與學生對話，不能置之不理。」參加簽名的有：嚴家其、吳祖緗、李澤厚、包道遠、北島、宗璞、戴晴、謝冕、蘇曉康、鄭義等四十七人。

　　中國的進步知識份子就是這樣的一代人：憂國憂民。表現在他們為中國人民的精神覺醒和思想解放所作出來的特殊貢獻。一九五七年大鳴大放的時候，不正是有一大批優秀知識份子，為了國家，為了社會主義，抱著善良的願望給黨提出了一些批語和建議嗎！

　　一九五七年五月二十八日，在某大學鳴放會上氣氛活躍，大家坦率地發言十分扣人心弦。

　　葛佩琦老師首先發言論，他說：「我認為今天黨群關係與解放時相比，差了十萬八千里。學校是這樣，老百姓也是這樣。目前物資供應緊張，是統購統銷搞糟了，老百姓吃不上。有人說這是生活水平提高了；生活水平提高的是哪些人呢？是過去穿草鞋，現在坐小臥車、穿呢子衣服的黨員和幹部。說句良心話，物資供應之所以緊張，這是執行黨的政策的人犯了錯誤。例如豬肉哪裡去了呢？不是被老百姓吃光了，而是因為執行糧食統籌統銷政策發生了偏差，老百姓不肯餵豬所造成的。」

　　新聞系一位老教授邵祖平聽了感慨萬分，接著發言，他說：「一九四九年共產黨進城時，老百姓都是『簞食壺漿，以迎王師』來歡迎。今天老百姓對共產黨是『敬鬼神而遠之』。老百姓幾時也是這樣，中國歷史上好多這樣的例子，當統治者沒有得到統治地位的時候，老百姓總是歡迎他們的。但他們一旦得到了統治地位，而不顧人民的利益時，人民就要反對他們。例如一九四五年抗戰勝利時，受了日本人壓迫了八年的老百姓也歡迎過國民黨，後來國民黨

的大員搞『五子登科』，人民就反對他們。現在情況不同了，老百姓對共產黨的意見很多了，共產黨若不自覺也是很危險的。」邵祖平這位老先生，稍微停下喝了一口水，又接著滔滔不絕地講道：「現在群眾在鳴放中還有顧慮。這反映了兩個問題：一，反映了八年『民主』制度的結果，群眾對『禍從口出』有深刻體會。串個門，說句話，就要被寫進『材料』中，群眾對憲法規定的言論自由已經頗感生疏了。二，群眾對共產黨說的話不敢相信，怕打擊報復。如果群眾對黨不信任，總有一天黨會滅亡的。群眾為什麼不敢相信共產黨呢？這是共產黨八年教育的結果，使人不敢說話了。八年來和黨來往中，群眾深深感到共產黨『善變』，遇事能靈活運用，講利害多，講信義少。這從黨的政策和黨員的言行都能看出。『民無信不立』，空喊萬歲也是沒有用處的。若你們再不改，不爭口氣，腐化下去，那是會垮臺的，這是社會發展的必然現象。」

財貿系的講師王德周也談道：「黨已經到了面臨危機的時候了。」他說：「人民大學是黨員第一、團員第二、民主黨派第三，群眾最差，把群眾劃在圈外。現在黨員有兩多兩少，多了特權思想和優越感，少了法律感和道德感。以上這兩多兩少結合在一起，老百姓受得了嗎？老百姓與黨的距離是遠的。三害不剷除，狂瀾既倒。挽狂瀾既倒的可能是除三害。另一個可能，被狂瀾沖走，葬身魚腹。」

鳴放會上的這些發言，後來都變成了「反黨反社會主義的言論和罪行」。一大批教師和學生都被打成「右派」，受到了人世間從未有過的精神上的、政治上的、生活上的、肉體上的大磨難，有不少人被折磨含恨死去。誰之罪？誰又說得清楚呢！

8 林昭追悼會

1989年4月22日（星期六）

今天，在人民大會堂隆重舉行了胡耀邦同志追悼大會。

凌晨零時五十分，浩浩蕩蕩的學生隊伍通過新華門前。學生們高呼：「新華門前，員警打人！」「報界宣傳，全是騙人！」「通報全國，嚴懲兇手！」「打倒官倒，清除腐敗！」「自由、民主萬歲！」

凌晨二時，悼念胡耀邦同志的學生隊伍陸陸續續到達了天安門廣場。此時，天涼風寒，學生和人民群眾匯集靜坐在天安門廣場上，同時推舉出數名學生代表向人大常委會提出兩條要求：保證學生安全，有秩序地參加悼念胡耀邦同志，並要求報紙就其不公正的報導，公開賠禮道歉；又重申學生們遊行請願的「七條」要求。可是，當局不予理睬。同學們群情激憤，高唱國際歌和國歌，口號聲響成一片。各個高等學校的橫幅、標語、旗幟排列成一排，揮動著示威。其中「耀邦同志永垂不朽！」「新聞要說真話！」「民主萬歲！」最為醒目，激動人心。

黎明，度過不眠之夜的天安門廣場迎來了第一縷晨曦。

六時三十分，天安門廣場舉行了升旗儀式，鮮紅的國旗迎照著滿天霞光冉冉升起。三名武警戰士把巨大的五星紅旗升到桿頂後，

又緩緩地降到旗桿中。全體學生面對著五星紅旗肅立，高唱國歌，呼喊：「祖國萬歲！」「人民共和國萬歲！」人民英雄紀念碑的平臺上，擺放著連日來人們送的畫像，以及花圈和輓聯。有好幾萬名大學生在此已經等待了十來個小時了，他們有還坐在地上，有的站起來伸腰舞胳膊。隊伍中還有南開大學、上海交通大學等從外地趕來的部分學生。

七時三十分，忍受了一夜乾渴和饑餓的數萬名學生面對著人民大會堂，秩序井然的靜坐著，根本無人理會，政府當局無動於衷。莊嚴、高大的人民大會堂好像是一蹲沉睡了多年未醒巨獸，對在它身旁成千上萬的學生視而不見，靜靜地躺臥在天安門廣場西側的大地上。

八時十分，學生們高舉著「鎮壓學生運動絕沒有好下場——毛澤東」的條幅打頭，從人民大會堂前走過。接著是中國政法大學畫的三公尺見方的胡耀邦同志遺像，上緣搭著黑紗。其後是書寫著憲法的大牌子，上面寫著：「第三十五條，中華人民共和國公民有言論、出版、集會、結社、遊行示威的自由」。「第三十七條，中華人民共和國公民的人身自由不受侵犯，禁止非法剝奪人們的人身自由和權利」。後面條幅，上面寫著：「新聞要講真話！！！」「不畏強暴！反官僚反暴力！」「為死者哀，再送耀邦一程，讓我們再看耀邦一眼。」遊行示威肅穆、悲壯。

八時五十分，按照追悼大會的警衛措施，要對廣場清場，因為人太多，已不可能了。政府當局命令武警部隊從廣場西端南北位一道警戒線，防止人群靠近人民大會堂。執勤武警戰士列隊從北向南

跑去，前頭剛到人民大會堂前，全被人群沖散了。拉線不成，武警戰士們又趕快收攏，在人民大會堂東門外設人牆，戰士們一排排手挽手，足有十來層，緊貼著學生隊伍前沿，背對著學生而坐。而三公尺之外，又有二、三千人全副武裝的員警面對著學生隊伍而坐，虎視眈眈地注視著靜坐在天安門廣場上成千上萬的學生。

十時許，閒置了多年的廣場上的擴音器響了，追悼會開始了。國歌聲震盪著整個廣場，肅立在廣場上的數萬人跟著放音器同聲唱了起來，場面十分悲壯。在這種氣氛中，廣場上的秩序井然。追悼胡耀邦同志的大會在人民大會堂內順利進行，中央電視臺的實況轉播，竟沒有廣場上成千上萬學生痛悼胡耀邦同志的一個鏡頭，報紙對學生的沉痛悼念、請願活動隻字未提。

在廣場上的大學生提出追悼會後，靈車要繞場一周，讓大家看看耀邦同志的遺容。這是十時四十五分時，學生們再次要求對話提出的。

十一時三十五分，學生代表向追悼大會的組委會又一次提出要求瞻仰遺容，並全面報導這次學生悼念活動。官方答覆是：要求學生不要妨礙交通，並允諾可以送花圈。同時，傳出李鵬總理同意在十一時四十五分出來接見學生代表，進行對話的消息。

十二時二十分，兩位學生抬著花圈走上人民大會堂，結果被轟了出來。

十二時五十分，大學生們左等右等，不見李鵬出來，於是有三名學生代表含著淚水，走到莊嚴的人民大會堂的臺階上，將請願書高舉過頭，屈下膝跪了下去。而站在臺階上的達官貴人們，對跪

著的學生視而不見，不理不睬。這時，只見一位參加追悼會的老同志，抱住學生慟哭失聲，好言勸退了下跪的學生。

追悼大會結束後，參加追悼會的大人先生們紛紛走出了人民大會堂。他們對示威的學生依然視而不見。不久，大批軍警護送靈車從人民大會堂西側駛去，不顧繞行天安門廣場一周的常規，拋棄了參加追悼會的眾多學生，直接駛向西長安街。

學生們一聽說胡耀邦的靈車已經走了，再也抑制不住內心巨大的悲痛，淚水在眼眶裏打轉，呼喚耀邦的聲音陣陣哽咽。輕輕地呼喚道：「耀邦同志，您為中華民族竭盡心力，人民永遠不會忘記您！」「您的膽識、您的英魂，永遠留在我們心中！」

李鵬終於沒有出來接見學生代表。十萬學生、百萬市民的期望付之東流。群眾被欺騙了，激憤的學生高呼：「李鵬總理，你在哪裡？不見人民，別當總理！」「改革萬歲！」「法制萬歲！」「人民萬歲！」口號聲像海潮般的澎湃在天安門廣場人的海洋上空，震動了這古老的北京城，喚醒了千萬市民的覺醒。

下午二時，在天安門廣場靜坐長達十八小時的學生，抱著疲乏不堪的身子，有秩序地緩緩移動離開了天安門廣場。學生們痛哭，市民們流淚，悲憤之極。一致提出：首都高校全體學生罷課抗議。

晚上，電視的螢幕上實況重播十里長街泣送耀邦靈車的情景：西長安街匯集成送行人的海洋，靈車在人海裏緩緩移動。早已等候在道路兩旁的成千上萬首都居民，再也抑制不住內心巨大的悲痛，潮水般地撲向靈車，路越變越窄，人民的心與耀邦同志越貼越近。七天來，積鬱在人們心頭的話，輕輕地送進靈車……「靈車，請你

開得慢一些，讓耀邦同志再看一眼我們，看一眼首都人民。」「靈車，請你開得再慢一些，我們還有許許多多心裏話要告訴耀邦。」耀邦同志的家屬深深理解人們悲痛的心情，從車窗內伸出一朵朵小白花，向人們揮動。

看到這一情景，我淚水在眼眶打轉，悲痛不已。

一九八〇年十二月十一日，林昭生前的老師和同學在北京市北新橋東三條胡同的中國新聞社北京分社的小會議室裏舉行了一次悼念會。這是一個不尋常的追悼會，一個與眾不同的悼念會。既不是冤殺無辜的原錯判法院來主持，對林昭宣告無罪，也不是原來的單位（北京大學中文系）來召集，宣佈「右派」屬於錯劃，應予改正，平反昭雪，而是死者生前的教師和同學們自己發起籌辦的。有不少名人高官出席參加，有原中國人民大學副校長，現全國政協秘書長聶真、人民大學新聞系主任羅列、北京市政協副主任羅青，中國社科院文學研究所副所長許覺民。有林昭的教師楊晦（北京大學中文系主任）、楊佰俊、樂黛雲、于效謙、張隆棟、伍棲強。有林昭的同學林斤瀾、倪競雄、金易東、張玲、鄧蔭柯、王瑾希、張元勳、陸佛為、劉紹棠等八十多人參加了悼念活動。悼念籌備組收到上海、蘇州、常州、無錫、南京、杭州、廣州、梅縣、長沙、蘭州、哈爾濱、長春、成都、烏魯木齊、太原、銀川、鹽池等地發來的唁電唁函三十餘份。輓聯和挽詩三十餘副（首）。北京大學教授張谷若、上海解放日報胡子衡、江蘇作家協會高曉聲、陳椿年等都寫出了輓聯。

　　為什麼默默無聞的林昭，會吸引那麼多名人前來悼念呢？

　　一九五九年前後，上海市出現了一本名為《星火》的地下刊物，上面刊登了很多針貶時弊的文章，對「大躍進」、「共產風」表示不滿，對批判彭德懷更是深表反感。林昭的長詩《海鷗之歌》和《普魯米修士受難之日》也刊登在上面。這本地下刊物，就是林昭和她的朋友們編印的。這些願作普魯米修士的年輕人，當他們看到祖國和人民經受的災難時，決心為人間偷盜天火、秘密結社、出版刊物。他們還討論了「南共綱領」，認為南斯拉夫的經驗值得中國參考借鑒，並且寫了書面意見，準備寄給各省市的領導參閱。可惜，他們尚未行動，就被捕了。

　　林昭出身在蘇州，一九五四年，她以江蘇省考分最高的成績進入北京大學中文系。在此之前，她在蘇南新聞專科學校學習過，還在常州民報作過記者。她曾經懷著最虔誠的理想投身革命，可是在社會生活中，她卻看到了另一種令人意想不到的現實：信任換來了欺騙，真正的友誼變成了相互的猜疑；真心者不受歡迎，巧言令色，到處逢迎者反而青雲直上。這一切都引起了她深深的思索。

　　進入北京大學的第三年，「大鳴大放」開始了。林昭竭力為費孝通的「早春天氣」叫好；她支持流沙河的探索；她在「自由論壇」上大聲朗誦：「我是劍，我是火焰！」……她還公然說出對「絕對權威」的懷疑，並且預言：「絕對權威只有利於教條、宗派……」

　　林昭在北大這個民主搖籃中覺醒但也從這裏跌入了深淵——她被戴上了右派的帽子。「右派」的荊冠並沒有使她屈服。她給妹妹彭令範寫信：「當我加冕成為『右派』後，你是無論如何也不能

體會我的心情的，我認為我熱愛黨的程度是壓倒一切的，沒有任何事物可以與之相比擬。我不能忍受它對我的誤解，而且誤解得那樣深。維繫我的一切全跨了，比牛虻不信蒙泰里尼還慘⋯⋯」。

在悲憤之中，林昭向一切啟蒙過她的人發出了責問。她寫信給蘇南新聞專科學校的老師：「你們為什麼當時教育我要誠實、坦率，而沒有教我如何做人？」終於，她從悲憤中走向絕望，她在絕命書中寫道：「我的悲劇是過渡時期的悲劇，人們只看到我流淚，卻看不到我心頭在無聲的流血⋯⋯。」她對那些在歷次運動中用別人的血來「染紅面貌的人」深惡痛絕。她說：「我不愛也不能愛所有的人，那些折磨過、踐踏過我的人，願我的影子永遠跟著他們，讓他們永遠記得曾出力把我拉開生活、殺死我，讓他們身上永遠染著我的血。」

林昭自殺被搶救後，她大聲的說：「我絕不低頭認罪！」她又質問北京大學的領導：「蔡元培先生當年曾慨然向北洋軍閥政府去保釋『五四』被捕的學生，你呢？」

「反右」運動結束後，林昭被送去「勞教」，後來又因病遣送回上海家中。她和朋友們編印《星火》，就是在回滬養病這段時期。

一九六〇年十月，林昭被捕入獄，一九六一年初，她因病「保外候審」。雖然母親苦苦勸她安分養恙，但她為了憂國憂民的理想，又執意去搞結社活動。同年十二月，她再度被捕。在監獄裏，林昭堅決不認罪，她一次又一次地割開血管，蘸著自己的鮮血寫下了很多血詩。現僅抄錄兩段：

將這一滴注入祖國的血液裏，將這一滴向摯愛的自由獻祭。揩吧！擦吧！洗吧！這是血呢！殉難者的血跡，誰能抹得去！

啊，大地，祖國的大地，你的苦難，可有盡期？在無聲的夜裏，我聽見你沉鬱的歎息。你為什麼這樣衰弱，為什麼這樣缺乏生機？為什麼你血淚成河？為什麼你常遭亂離？難道說一個真實、美好的黎明，竟永遠不能在你上面升起？

一九六八年四月二十九日，在「文化大革命」的紅色恐怖之中，林昭終被槍決。當她接到判決書的時候，她留下了最後一份血寫的遺書：《歷史將宣告我無罪》。

十二年過去了，這個含冤而死的普魯米修士靈魂終於得到了昭雪。在為林昭舉行的悼念會上，她在獄中寫的一首詩，被與會者久久地吟誦：

青磷光不滅，夜夜照靈台。

留得心魂在，殘軀付劫灰。

他日紅花發，認取血痕斑。

媲學媽紅花，從知渲染難。

中國的普魯米修士，安息吧！

9 北大教授的鳴放

1989年4月23日（星期日）

　　到昨天為止，首都高校的大字報已有一千多份。清華大學貼出了「李鵬辭職」的標語。北京大學的大字報是「我們要求撤換無能政府，推翻專制君主，建立民主政治」。中國人民大學的標語提出：「悼念胡公罵李公不如倒了鄧公；說千條萬條不如砍掉四條。」中國政法大學的大字報更加明確地說：「現在的任務是要保護活著的改革派。」有的大字報還寫道：「中國只有一黨專制，就是官僚。打倒共產黨一黨專制！」特別是發生了「四‧二〇血案」，一股狂躁的情緒就這樣在大學中點然起來。

　　今天，到天安門廣場上遊行的大學生更多了，有許多學校自動罷課了。在大街上，有一些人到處散發和張貼署名「北京市工人聯合會」的傳單，聲言工人群眾堅決支持同學們的愛國民主運動。在人民英雄紀念碑四周，圍了很多人，有人在宣傳講演，有人在抄寫掛在碑牆上的各種詩文。

　　北京市的二十一所高等院校的一些學生代表相互串聯，在圓明園開會成立了「首都高校臨時委員會」，後來改名為「北京市高等院校學生自治聯合會」，簡稱「高自聯」。它成為整個學潮的指

揮中心，使得學潮向著統一綱領、統一口號、統一組織、統一行動
的方向發展。並提出「南下北上」的口號，發動全國大串聯。南
京、武漢、西安、長沙、哈爾濱、上海等地的高等院樣都有從北京
去的大學生；天津、河北、安徽、上海等地的大學生也有的來到北
京參加遊行。北京各高等院校內，大字報象雨後春筍一般地到處張
貼著。有的大字報提出「我們不只是要罷課，我們要高唱凱歌，以
實際行動聯合工農，打倒暴政」。接著，一些人到中學、工廠、商
店、農村串聯，散發、張貼傳單，擴大了事態的發展，波及到了
中、小學校。有的中學出現了「反對中國共產黨」的標語，有的還
貼出了「罷課、罷考萬歲！」的大字報。

今天的情況和三十二年前的事有驚人相似之處。所不同的：那
時的大學生要溫和得多，活動一般都在學校內部進行。

那是一九五七年五月，二十多天以來，北京大學的黨委會為了
整風召開了一連串的會議，參加的有黨內外負責幹部和具有「代表
性」的教授一百餘人。長久以來，悶聲不響的老教授們，巍顫顫地
走上台去，傾泄了幾年來一直深藏在心底的話，數說委曲，提出看
法。不少發言激烈火爆，指名道姓地不容情面，但更多的卻是委委
婉婉，轉彎抹角地揭露和批評。驚蟄時分，未名湖的政治氣候，已
是春寒初斂、輕雷隱隱。人們的顧慮是少了，可是卻不能說沒有。
「學校衙門化」這是王伯崖教授所說的話。大大小小數不清的辦公
室，重重疊疊層次分明而許可權交錯不清的黨委和行政的機構，一
道一道繁複的公事手續，貼滿在牆上的各種通告批示，「左一個什

麼長，右一個什麼主任，鬧哄哄地盡在公事圈裏打轉」。官風壓倒
學風，一天到晚，數不清的行政或是黨內的會議，盡是各種領導在
發號施令，彙報請示或是傳達報告，而聽不到有經驗的老教授和權
威學者的聲音。甚至「連百家爭鳴的方針看來也是用行政命令的方
式來貫徹的」。領導上感到興趣的是計畫大綱、指標、工作量，而
不是教學和學術研究的內容。湯佩松教授問得好：「究竟是在辦大
學，還是在辦機關、辦工廠、辦農場呢？」

　　「黨群之間有座山」，許多黨員不但不能「先天下之憂而憂，
後天下之樂而樂，而反持功驕傲，以特權階級自居。」不僅是校外
調來的老幹部，常使人有「天下是老子拼命打出來」的感覺，就是
新在學校裏吸收的黨員也是一入黨門便身價百倍，自命不凡起來。
黨員遇事都佔便宜；黨員學生選課有優先權利；派留學生和留助教
時，首先是問支部書記而不是請教他們受業的老師，主要考慮的是
「政治條件」而不是業務水平；黨員教職員業務很差，憑著「政
治」照樣連升三級。

　　教授們談，黨內黨外界線分明，什麼事都是關起門來幹。用朱
光潛教授的話：「神秘得很，好像還是在做地下工作一樣」。黨員
與群眾，相互敬鬼神而遠之，就是接觸也不能傾心置腹。好像只要
一入黨，便立刻變成為抽象的「黨的化身」，失去了一般人的七情
六欲，共有的興趣，甚至共同的語言。有人指出，有的被停止了黨
籍的人，群眾關係卻往往突然好轉起來，實在是值得黨員們深思的
事。黨員們跋扈越權，隨之而來的自然就是非黨員的有職無權。系
主任常形同虛設，系裏大權獨攬的是系秘書，全都是從大學畢業不

久的年輕黨員。黨委第一書記江隆基副校長就告訴大家，有個兼任黨總支書記的系秘書，居然老氣橫秋地在系裏一個會上引咎自責地說：「我沒有把系裏的工作給領導好，責任應由我負。」有位歷史系的講師甚至對做他學生的系秘書說：「你就是我的主人！」不講別的，就連江副校長自己也承認，對馬寅初校長的意見不夠尊重。不只一個人指出，「每次會議上馬老一講完話，江副校長總是接著大事補充——其實應當就是修正，使得老校長的威信難以建立」。不少人說，這些問題歸根結底是和學校裏黨政不分的領導分不開的。既然是黨委領導行政，佈置起工作來自然就使得黨員系秘書撇開非黨員的系主任、教研室主任，自顧自行其事，更別提那些沒有行政職務的教授了。學校裏有個地位擺得很高的校務委員會，可是毫不發生作用。馮權蘭教授說：「許多問題是已經決定了的拿到校務委員會上通過，大家也就不好發表什麼意見。同時，校務委員會的人太多，不好討論問題。校委會討論從來不是應不應該做，而是應該如何做的問題。」

但儘管大家對此意見紛紛，有人提出：黨委多半是不怎樣熟諳教學業務的年輕人和校外來的老幹部，對具體的教學和研究工作隔靴搔癢，不能切中要害。因而只好搬蘇聯教條作救兵，靠行政命令來硬行貫徹。有人提出，為什麼不當真考慮一下「教授治校」呢？難道受了八年社會主義教育的高級知識份子是不能放手信任嗎？

不少老教授對於歷次運動，特別是思想改造的偏差，提起來就有談虎色變之感。有些白髮蒼蒼的老先生，在運動中被自己孫兒一輩的學生批評得體無完膚，把他幾十年研究的心血說得一文不值，

至今回想起仍不免老淚縱橫。其結果不但沒有改好思想，反倒引起了對立面的情緒。像傅鷹教授就說，他一聽到「思想改造」便有反感，總是要把這和勞動改造聯繫起來。他認為資產階級思想也是在好有壞，不能一概抹煞。他自己的思想主要是愛國，愛國從不後人，根本不必改造。

　　幕布挑開了，錯綜複雜的矛盾使人為之眼花繚亂。黨委一再宣佈要繼續揭露矛盾，鼓勵大家暢所欲言。但教授們指出，出臺唱花臉、黑頭的只是些黨外的人士，黨員們基本上還是在按兵不動。憑心而論，北大由於傳統的民主自由作風，教授們還是比較能說話的。臺上看起來很火爆熱鬧，實際上人們仍多多少少有幾分顧慮。驚蟄時分，冬眠凍僵了的肢體，在春天的太陽中還沒有完全恢復原狀。總的說來，人們開始動了起來，校園裏一片生機。

10 譚天榮

1989年4月24日（星期一）

　　今天，天安門廣場上的人仍然很多，圍著一堆堆的人群，聽大學生的演講。有的說「四‧二○慘案」政府要負責，聲言要抓凶首，以謝國人；有的提出要到中小學和工廠、農村去，發動群眾舉行全市大罷工；有的說要慰問被打傷的病員，要印宣傳品反對腐敗政府，舉行募捐活動等等。時局的發展令人憂慮。

　　人民日報今天發表評論員文章《化悲痛為力量》，提出要以大局為重，把我們的愛國熱情、民主熱情、改革熱情、建設熱情，傾注到實現四化、振興中華的實際工作中去。

　　這篇評論員文章似乎沒有起到什麼作用。由於二十二日以來，成千上萬的大學生上街遊行，到天安門廣場集會，去新華門靜坐，在人民大會堂門前請願，等待著政府的回答。但等來的卻是漠然不理。人民政府既然聽不見人民的呼聲，國家未來棟樑的大學生真誠的請願似乎是一場兒戲、毫無影響。忍饑受餓得不到理解，疲勞不堪，似乎無人知曉。大學生們終於醒悟到：政府不是希臘神話中的「愛神」，政府似乎缺乏長者的愛戴之情，要想得到他們的關懷太難了。受苦的軀體、受損的自尊心慢慢地化為力量。大家意識到一

點，只有團結起來，為真理而鬥爭。首都的高等學校聯合決定：北京市所有的高等學校聯合舉行總罷課！抗議暴行，為真理請願。並通電全國，不達目的，絕不復課。

一九五七年五月二十二日的日記，林昭寫道：

　　昨天晚上，譚天榮（在北京大學物理系學生）在學校的廣場上發表了令人神往的演說，並和一些同學展開辯論。今天這種方式便推廣了。學生會設立了有擴音器的辯論台。到處是一團團的人群，有的邊拿著飯碗邊聽演說。演說者針鋒相對、慷慨激昂、暢所欲言。聽眾多至千人，少則數十人。群眾高昂的主動性和積極性使「百花齊放、百家爭鳴」的政策在這裏真正貫徹了。人們提出了多少值得黨深思的問題啊！

　　在辯論會上，譚天榮發表了他的一些別開生面的見解。他說：……我曾痛苦的思考過，看過馬克思、恩格斯和其他思想家的一切我能找到的經典著作。我發現一八九五年以後，馬克思按照鐵的必然性轉化為自身的反面（第一次否定），與此相適應的是國際共產主義運動中形成相互滲透的修正主義與教條主義六十二年的絕對統治，而毛澤東的「再論」都把它歸結為「人們的思想情況」，這不是赤裸裸的唯心主義又是什麼。我是從物理學本身發現辯證法的，不久我就看到，現在哲學已經江河日下，一切科學在形而上學的統治下已經面臨毀滅。一些著名的學者，例如周培源、錢學

森、華羅庚、郭沫若等，在哲學科學和常識方面存在多麼可怕的空虛和混亂啊。緊接著，我意識到，全世界面臨一次空前的變革，反對殖民主義和反對教條主義的兩支大軍在不同領域內顯示了自己的力量。北大的學生運動不過是一次世界規模的民主運動的序曲而已。全世界注視著中國，中國注視著青年學生，青年學生注視著我們北京大學。所以，我們沒有權利放鬆自己的戰鬥。

接著，譚天榮又說道：我們現在正處在各種發展的質變階段，私有制向公有制復歸，教條主義向馬克思主義復歸，「三害」向民主復歸。諸如此類，在世界範圍內表現為反殖民主義與反教條主義二條戰線的鬥爭。在中國表現為自上而下的整風運動和自下而上的民主運動之相互滲透。在這偉大的轉變時期，在我看來，現在有三種力量已經形成了一支可怕的百萬大軍：

1、那些認識了歷史必然性，為真理而戰的戰士。

2、那些象樹葉一樣被蹂躪的人們（無辜的被損害者）。

3、反社會主義反革命反人民的魔鬼們。

這支百萬大軍在一切領域內為自己開闢道路，誰要是阻撓，就是毀滅，一絲一毫也不差的毀滅。我們——青年同學應該屬於第一種人。我們有責任在大力支持自上而下的整風運動，看來我們親愛的毛澤東同志處於十分困難的地位，我們有責任把這次自下而上的民主運動領導起來，把它引向破壞性最小的道路。讓我們行動起來吧！合理的都是現實的。

　　既然我們的願望是合乎理性的，那麼它早晚會實現的。我們沒有權利有一分鐘放鬆戰鬥，不要動搖，不要膽怯，不要懷疑，咬緊牙關，在我們選擇的道路上勇往直前。自由、理性、人權萬歲！……

　　偏激到狂熱程度的譚天榮使我發生了興趣。我不能不震驚，面前也許是個不平凡的人。他能獨立思想，不墨守陳規，敢於提出自己新穎的見解，敢於觸動權威；這是一個富有創造性的人。如果說世界上有天才的話，這或許就是天才的起點。是的，中國需要這樣的人，這樣的學者和科學家。只有這樣的人才能把科學向前推進一步以至一百步。教條主義者除了像學舌的鸚鵡那樣，不問什麼時候都重複著「八點鐘、八點鐘」以外，還能給人們什麼呢？我滿懷喜悅地注視著這位同學，他微黑的臉孔架著黑框眼鏡，眼裏射出桀傲不馴的光芒。

11 胡風不是反革命

1989年4月25日（星期二）

今天，北京的繁華地區和主要街道上，出現了許多大學生。他們打著校旗、舉著橫幅，匯集著一堆堆的人群，進行演講、散發傳單徵集募捐。

在東單路口，北京師範大學的五百餘名學生在起勁地演講，揭露武警打大學生的暴行，痛斥共產黨腐敗爛透了。便道上圍觀聽講的人越聚越多，把自行車道堵塞了。

在地壇公園西門外，五六十名清華大學附中的學生，一邊演講，一邊揮舞著手中的白旗，呼喊著：「打倒官僚！」「打倒獨裁！」的口號。

在北京火車站出口處，有十多名北方交通大學的學生，手裏高懸著紙牌，上面寫著：「為民請願，請捐款！」進行募捐活動。

在和平街中心花園，郵電學院有五六十名學生，打著校旗，播放音樂和散發傳單，向人群演講、募捐。

在各條街口路旁的燈桿上貼著各種大、小字報和順口溜。好奇的北京人圍著看得津津有味。在地壇公署西門一〇四路電車停車站

牌上，貼著題目為《且看今日中國官老爺們》的小字報。吸引了一大群行路人。

據有關部門統計，今天參加這些活動的有二十八所高等學校的學生，在全市一百五十多個地方進行了這類活動。

大學生們的這些活動，引起了政府部門的不安和重視，不得不同意了學生與政府對話的要求，派出了國務院副秘書長劉忠德、國家教委副主任何東昌、中共北京市委副書記汪家、全國學聯和北京市學聯負責人來與學生對話。因為通知得太急促，清華大學要求對話的學生沒有準備，由於對誰當代表意見不一，爭持不下，一時產生不出代表，故沒有進行。

官方的「北京市學生聯合會」今天發表公告，說它是依照《中華全國學生聯合會章程》，經過各校學生代表大會按合法程式民主產生的，都經過正式註冊，獲得全國學聯和本會的承認，是各校合法的學生組織。並指出近期在各校相繼成立的「高等學校學生聯合會」、「學生自治會」等組織，違反全國學聯章程，不經合法秩序，未得到政府批准，是非法組織。

稱學生們自己發起、組織、成立起來的學生會為「非法」，不得不使人感到驚訝和無限悲哀，在社會主義社會的中國大陸上，法是有的，但是對付老百姓的，是形式上的存在，在許多重大問題和重大事件上，往往是「權」大於「法」，實行的不是「法制」，而是「人治」。也就是當權者說了算。這方面的事例太多了。胡風反革命集團一案就是一個有力的說明。毛澤東一人獨斷專行造成的千古冤案。

一九五七年鳴放期間，林昭在五月二十五日的日記中就這樣寫的：

……昨晚十一點開全校黨員大會，十二點才散會。據回到宿舍的某同學（黨員）談：會上，黨委書記江隆基對當前整風情況作了分析，認為：運動基本上是健康的，要求全體黨員虛心耐心地吸取群眾的意見，不要沉不住氣，要繼續支持大鳴大放。

這兩天來，的確大鳴大放了。同學們大膽地提出了自己的想法和看法。大字報的牆上貼出了胡奇弟同學為胡風鳴不平的大字報：

胡風絕不是反革命分子

風啊！風啊！，

　　為何今才整？！

人啊，人啊！

　　為何還不醒？！

鐵窗禁賢良，

天昏地也暗。

忠臣血灑地，

鬼神俱哭泣！

胡奇弟同學這張大字報一貼出，就遭到一些正統先生們的謾罵和攻擊，可又不敢公然亮出自己，署名「佚名」的人

寫了一張《為胡風鳴不平的不平》的大字報，偷偷地貼在胡奇弟大字報的旁邊，其內容是：

聽啊，聽啊！

　滿耳「呼冤」聲。

人啊，人啊！

　為何不醒？！

「鐵窗禁賢良」

　——關得好！該關就關；

「天昏地也暗」

　——說得對，不敢見天；

「忠臣血灑地」

　——殺得好！以血還血；

「鬼神俱哭泣」

　——痛哭吧！同「命」相憐！

事實上，揭露「胡風反革命集團」的鬥爭，是一九五五年五月十三日人民日報頌《關於胡風反黨集團的一些材料》（即第一批材料）和胡風的《我的自我批判》開始的。五月十八日，經人大常委會批准將胡風逮捕。五月二十四日、六月十日人民日報先後發表了關於「胡風反革命集團」的第二批、第三批材料和「必須從胡風事件吸取教訓」的社論。從此，對〈胡風反革命集團〉的鬥爭，就在全國範圍內展開了。

在全國清查「胡風反革命集團」的鬥爭中，共觸及了兩千一百餘人，逮捕九十二人，隔離審查六十二人，停職反省七十三人。到一九五六年年底，絕大部分人都作為受胡風思想影響予以解脫，正式定為「胡風反革命集團」分子的七十八人（黨員占三十二人），其中劃為骨幹分子的二十三人。這七十八人中，到一九五八年五月給予撤銷職務、勞動教養、下放勞動等處理的有六十一人。

一九六五年，經中央批准，判處胡風有期徒刑十四年，剝奪政治權利六年。一九六六年判處阿壠、賈植芳有期徒刑十二年。莊湧另案處理。其餘十三人，均免於起訴，給予撤職、降級，另行安置工作的處理。是黨員的開除黨籍。

文化大革命中，一九六九年加判胡風無期徒刑，收監關押。粉碎「四人幫」後，一九七八年底撤銷胡風無期徒刑判決，宣佈釋放。胡風對一九六五年的判決不服，於一九七九年四月向中央提出申訴，最後輕描淡寫地宣佈為冤假錯案，平反昭雪了事了。把人命關天的大事，如此兒戲，也只有在共產黨的中國大地上，才能找得到。而且這個冤案又是最最偉大的人物一手造成的。不信，請看看林默涵所寫的《胡風事件的前前後後》（刊登在「新文學史料」上）。作為這一事件的參與者之一，他回顧了當時的一些情況，使我們對這一錯案的來龍去脈有了進一步的瞭解。現將原文摘錄如下：

　　大約在一九五五年四月的某一天，舒蕪來到中南海中宣部辦公室找我，他交給我一本裝訂好的胡風給他信件，說其中有許多情況，可以看看。當時我認為私人信件沒有什

麼好看的，就一直放在書架上，沒有重視。隔了一段時間，我偶然拿起來翻了翻，發現其中有許多暗語，例如「兩位馬掛」（指何其芳、劉白羽）、「豪紳們」（指當時重慶進步作家們）、「官們」、「權貴」、「老爺們」（指一些共產黨員和黨的負責幹部），「抬頭的市價」（指茅盾）、「跳加官」（指當時進步文藝界的活動）等等；還有一些充滿譏諷、憎惡的語言，例如：「因兩位馬掛在此，豪伸們如迎欽差，我也只好奉陪鞠躬」，「要做商人，只得和對手一道嫖賭，要在這圈子裏站著不倒下，也就不得不奉陪一道跳加官，即如這幾年的跳加官罷，實際上應該失陪，或者簡直跳它一個魔鬼之舞的，但卻一直混在蛆蟲（按：指進步文藝界人士）裏面」，「對於大師們（按：指批評了舒蕪「論主觀」的人們）的回敬，太鬥雞式了。氣派不大，有一種用橡皮包著鋼絲打囚徒的鞭子，打傷了而又表面上看不出傷痕，我以為是好方法」，「我積力太多的憤恨，而又覺得對象們組成了龐然的存在，所以想用集束榴彈的戰法」，等等。我明白胡風信中這些話是指的什麼和誰。老實說，當時看到胡風在給舒蕪的信中對這麼多黨和非黨作家們抱著這樣仇視的態度。帶著這樣憎惡的感情，我不能不感到十分驚訝、意外，也極為氣憤。我們雖然不同意他的文藝觀點，但黨組織是一直把他看作進步的文藝工作者，看作一家人的，怎麼也想不到他在背後會採取這樣的態度。有人說：舒蕪這批信，是我要他交出來的。這就怪了，我又沒有特異功能，怎麼知道舒蕪會藏有這些「寶貝信」呢？

　　由於我與胡風有所接觸，信中的有些暗語能夠看懂，但還有很多看不懂，於是我把舒蕪找來，請他把信中人們不易看懂的地方作些注釋，把信按內容分分類，整理得較為醒目一些。舒蕪同意並且很快整理出來了，一兩天後就交給了我，他整理得很清楚。我看後把它交給了周揚。周揚看後，同我商量是否可以公開發表一下，我表示贊成。於是就將這些材料交給了《文藝報》，請主編康濯加一個編者按語發表。《文藝報》排出樣子後，送給周揚和我看。我們都覺得按語還可以，準備退給康濯發表。周揚同志忽然想到，這個材料比較重要，發表前似應送毛主席看才好。我認為對。周揚就於五月九日把胡風寫的一篇「自我批判」和舒蕪提供的材料清樣一同送給毛主席，並給主席寫了一封信：

　　「主席：
　　　胡風的自我檢討和舒蕪的揭露材料擬在下期《文藝報》（即本月十五日出版的）一同登載，胡風文前加了一個編者按語，茲送上清樣，請您審閱。同期《文藝報》還有一篇許廣平駁斥胡風的文章，附告。」

　　五月十一日，毛主席在周揚的信上批示：

　　「周揚同志：按語不好，改寫一個，請你和陸定一同志看看可用否？如以為可用，請另抄付印，原稿退還給我為盼！
　　　可登《人民日報》，然後在《文藝報》轉載。按語要用較大型的字。

如不同意，可偕陸定一於今晚十一時以後，或明日下午，來我處一商。」

毛主席改寫的按語，即五月十三日《人民日報》的編者按語。舒蕪揭露材料的題目由《關於胡風小集團的一些材料》，改為《關於胡風反黨集團的一些材料》。按語說：

「胡風的一篇在今年一月寫好，二月作了修改三月又寫了『附記』的『我的自我批判』，我們到現在才把它和舒蕪的那篇『關於胡風反黨集團的一些材料』一同發表，是有這樣一個理由，就是不讓胡風利用我們的報紙繼續欺騙讀者。從舒蕪文章所揭露的材料，讀者可以看出，胡風和他所領導的反黨反人民的文藝集團是怎樣老早就敵對、仇視和痛恨中國共產黨的和非黨的進步作家。讀者從胡風寫給舒蕪的那些信上，難道可以嗅得出一絲一毫的革命氣味來嗎？從這些信上發散出來的氣味，難道不是同我們曾經從國民黨特務機關出版的『社會新聞』、『新聞天地』一類刊物上嗅到過的一模一樣嗎？什麼『小資產階級的革命性和立場』，什麼『在民主要求的觀點上，和封建傳統反抗的各種傾向的現實主義文藝』，什麼『和人民共命運的立場』，什麼『反帝反封建的人民解放的革命思想』，什麼『符合黨的政治綱領』，什麼『如果不是革命和中國共產黨，我個人二十多年來是找不到安身立命之地的』，這種種話，能夠使人相信嗎？如果不是打著假招牌，是一個真正有『小資產階級的革命性和立

場」的知識份子（這種人在中國成千成萬，他們是和中國共產黨合作並願意接受黨領導的），會對黨和進步作家採取那樣敵對、仇視和痛恨的態度嗎？假的就是假的，偽裝應當剝去。胡風反革命集團中象舒蕪那樣被欺騙而不願永遠跟著胡風跑的人，可能還有，他們應當向黨提供更多的揭露胡風的材料。隱瞞是不能持久的，總有一天會暴露出來。從進攻轉變為退卻（即檢討）的策略，也是騙不過人的。檢討要像舒蕪那樣的檢討，假檢討是不行的。路翎應當得到胡風更多的密信，我們希望他交出來。一切和胡風混在一起而得有密信的人也應當交出來，交出比保存或銷毀更好些。胡風應當做剝去假面的工作，而不是騙人的檢討。剝去假面，揭露真相，幫助黨徹底弄清胡風及其反黨集團的全部情況，從此做個真正的人，是胡風及胡風派每一個人的唯一出路。」

《文藝報》原來的按語，現在已找不到了，但我記得它的內容和語氣都要溫和得多。毛主席寫的按語，將胡風小集團定性為反黨反人民的文藝的小集團，這是出於我和其他一些同志的意料的。但當時，我只是感到自己的思想水平低和政治敏感性差，我對按語沒有提出任何異議，其他同志也沒有提出。這樣，一個來本屬於人民內部文藝思想上的分歧和小集團問題，就上升為敵我性質的政治問題了。

需要說明的是，除了按語經毛主席改寫了之外，舒蕪提供的材料並未因主席的按語而作任何改動。《人民日報》發表的舒蕪提供的材料完全是根據送給毛主席的《文藝報》的清樣排的。有人說舒

蕪在主席為胡風問題定性後，根據要求將材料重新分類並寫上小標題等，是不符合事實的。

五月十六日，公安部拘捕了胡風。拘捕前，人國人大常委會舉行會議，通過了取消胡風人大代表資格的決議。

在拘捕胡風時，又從胡風家裏搜出了一些同胡風接近的人們給胡風的許多信件，這些信中也有許多暗語，公安部門看不懂，他們要求中宣部派幾個比較瞭解胡風情況的人來整理這些信件。參加整理信件的有我、何其芳、劉白羽、張光年、郭小川、袁水柏和中宣部文藝處的一些同志。我們又整理出了第二批、第三批材料，在摘錄、整理這些材料時，我們反覆核對原信，以免弄錯了信的原意。

五月二十四日，《人民日報》公佈了《關於胡風反黨集團的第二批材料》。這批材料主要是從胡風寫給他朋友的信中摘錄下來的。這批材料開頭、中間和結尾的按語都是毛主席修改的，有的是毛主席親自加的。

第三批材料的編者按全是毛主席寫的。但在張中曉給胡風的一封攻擊《在延安文藝座談會上的講話》的信後卻沒有按語，這是不合適的。我和周揚認為，這可能是主席不願意提到涉及他本人的事，便由我們兩人共同起草了一段按語加上。

第三批材料公佈時，「胡風反黨集團」一律改為「胡風反革命集團」。

12 「這是為什麼？」

1989年4月26日（星期三）

　　有消息傳來，對大學生的遊行、請願活動，中央已經開了會。鄧小平講了話，將大學生「鬧事」定性為政治動亂，要鎮壓！

　　果不出所料，今天《人民日報》發表了「必須旗幟鮮明地反對動亂」的社論。社論說：「……極少數別有用心的人繼續利用青年學生悼念胡耀邦同志的心情，製造種種謠言，蠱惑人心，利用大小字報污蔑、謾罵、攻擊黨和國家領導人；公然違反憲法、鼓勵反對共產黨和社會主義制度；在一部分高等學校中成立非法組織，向學生會『奪權』，有的甚至搶學校廣播室；在有的高等學校中鼓動學生罷課、罷教，甚至強行阻止同學上課，盜用工人組織名義，散發反動傳單；並且四處串聯，企圖製造更大的事端……這些事實表明，極少數人不是在進行悼念胡耀邦同志的活動，不是為了在中國推進社會主義政治的進程，也不是有些不滿發發牢騷。他們打著民主的旗號破壞民主法制，其目的是要搞散人心，搞亂全國，破壞安定團結的政治局面。這是一場有計劃的陰謀，是一次動亂，其實質是要從根本上否定中國共產黨的領導，否定社會主義制度。這是擺在全黨和全國各族人民面前的一場嚴重的政治鬥爭。」

　　下午，中共北京市委在人民大會堂召開了萬人大會，號召黨員要旗幟鮮明地反對動亂。北京市委書記李錫銘在大會上說：「不制止這場動亂將國無寧日。」他要求全市黨員和人民認真學習《人民日報》社論，在思想上、行動上與黨中央保持一致，迅速制止這場動亂。他又說：「據瞭解，明天非法的學生組織將組織學生舉行大規模遊行活動，這是不允許的。我們要堅決按不經過批准不准上街遊行的規定辦。」北京市公安局今天也發出兩項通告：凡舉行遊行示威的，必須依照《北京市關於遊行示威的若干暫行規定》提出申請。未經許可的遊行示威，都是非法的，一律禁止。嚴禁聚集街頭講演、募捐、散發傳單。

　　天安門廣場的人群依舊不少，有的看傳單、小字報；有的抄記人民英雄紀念碑四周上貼的詩句。突然，北京市公安局的防暴隊來到天安門城樓，引起了人們的注視。不久，供遊人觀光開放的天安門城樓關閉了。一些來京旅遊的打聽其原因，根本不作理會。還是一位好心的人悄悄告訴要參觀旅遊人說，市公安局收到美聯社的一條消息，稱天安門城樓上有炸彈，還說天安門地區放有定時炸彈，要對城樓進行安全檢查。結果，查來查去，根本沒有那回事，儘管是一場虛驚，弄得廣場上的人們人心惶惶。

　　面對著這嚴峻的形勢，使人聯想到三十二年前，也就是一九五七年六月八日，《人民日報》發表了題為〈這是為什麼？〉的社論。社論中憤怒聲討一小批右派分子，說他們打著幫助共產黨整風的幌子，向工人階級和共產黨領導進行挑戰，還公然叫嚷要共產黨

「下臺」。所以，向右派分子發動反擊是理所當然。人民日報的這篇社論標誌著「百花齊放、百家爭鳴」的那一短暫時期的終結，揭開了反右運動的序幕。這篇社論是毛澤東親自撰寫修改的，由他吹起了反右運動的號角。接著，人民日報在六月九日、十日、十一日、十二日、十四日、二十二日、二十九日、七月一日……連篇累牘地發表社論，以動員群眾起來參加反右，推動了反右運動的開展，進一步在全國掀起了反右高潮，遭到打擊和損害的達二百萬人，其中被打成右派分子的有五十多萬人。

林昭在六月十日的日記記道：

......

彷徨、苦悶。

前天人民日報發表社論〈這是為什麼？〉，其用意不難理解，它說隨著整風運動的進展，出現了一些離開社會主義的言論，是右派分子乘機向黨進攻。提出要幫助黨整風，必須先擊退怪影。把一些敢說敢為的人說成是神經錯亂，大喊大叫的「狂人」，是「瘋子」和「魔鬼」。事實果真是這樣的嗎？不！不是。我們這一群年輕人，叫喊根除三害，叫喊改革，是為著更美好更理想的明天。是的，我們國家確實比過去好多了，起了翻天覆地的變化。在我們的街頭上再沒有掛著星條旗的吉普車橫衝直撞；在礦工的頭上再沒有把頭的皮鞭施展淫威；在廣闊的大地上再沒有楊白勞的苦難，農民們在合作社的田野上自由地呼吸……。這都是鐵有事實。但是，我們今天的制度不是最理想的。它年輕，它有偉大的生

命力不正是它本身決定了它能揭露矛盾，解決矛盾！它的前途不就是千百萬人所嚮往的共產主義。是的，我們對現狀是不滿足的，不正是為迎接更大的勝利，黨才發起了這場偉大的整風運動。我們向「三害」進攻，不正是為了加強社會主義事業，加強人民民主專政，加強黨和人民的團結。黨啊！您是我們的母親，母親應當最知道孩子們的心情，對母親不必要歌功頌德，母親最愛聽的是她的毛病。因為愛的深沉，才恨得更狠，對爬在母親身上的病菌更不能容忍。為了母親能更好地領我們前進，母親的病就是我們自己的病，讓我們幫助母親清除毒菌，儘管孩子過於偏激，說錯了話，怎麼能說孩子懷有敵意？甚至一腳把孩子拋入「反革命」的泥坑。我要吼叫，決不允許！可悲的事終於發生，人民日報發表〈這是為什麼？〉社論兩天來的局勢，是在全國範圍內有意識地收縮這次民主運動了，組織和號召開展所謂的反右派鬥爭。看來，熱愛真理、民主、自由的人們將大難臨頭、在劫難逃了。悲劇，歷史的悲劇。

......

回想過去，看看現在，不禁深深哀歎：大學生們將大難監頭，真是在劫難逃了。人民日報發表社論將學生的正義要求，「清除腐敗，打倒官倒」的遊行示威活動定性為「動亂」。北京市召開萬人大會，動員黨團員幹部「迅速制止」。公安局發通告：「嚴禁！非法！」而高等學校的大學生們根本不予理會，毫無畏懼，逆流而上，繼續罷課。據統計，在北京四十多所高校的十六萬名學生中，

今天有六萬餘名大學生沒有去上課。北京大學的「三角地」今天又貼出了早已被政府有關部門宣佈為反動組織的《中國民聯》負責人胡平等「致中國大學生們的公開信」。事態的發展，令人擔憂。「善良的同學們，我衷心地欽佩你們。但，你們要警惕呵！」

執政四十年了的共產黨，如果老是以為是盛氣凌人，漠視群眾的呼聲，盲目地想相信自己的權力和武力，脫離了人民，就會走向人民的對立面，重演闖王進京的悲劇。從當前大家所揭露出來的問題來看，如果不懲治腐敗，打倒官倒，難道我們不正是沿著歷史上無數可悲的軌轍前進嗎？我睡不著，睜著眼。窗外風聲颯颯，我彷彿又聽到了大學生們遊行呼喊的口號聲。我思索著：為什麼會這樣？共產黨在新的歷史條件下，將怎樣重新呼吸著人民的一切，她將沿著怎樣的道路前進？改革、開放是非常必要的。但腐敗、官倒不治理也是不行的。應當讓大家把意見說出來，就是有些尖銳、憤懣和偏激，也是好事，何必要把別人硬說是攻擊黨、攻擊社會主義呢？把學生的愛國民主運動說成是「動亂」呢？

看來，歷史的悲劇將要重演。我心中一片悲涼……。

13 思想有如春水

1989年4月27日（星期四）

　　今天，，北京市七十八所高等院校，有三十八所高校的三萬多名學生打著校旗、高舉橫幅、喊著口號走出校門，上街示威遊行。北京市千萬人民將會永遠記住這個日子，這是北京市有史以來規模最宏大、最壯觀、最守秩序、最激動人心的學生大遊行。

　　昨天，市政府發言人就發表談話，說最近極少數別有用心的人，打著推進民主「和平請願」的旗幟，製造謠言、蠱惑人心；在一部分學校中成立非法組織，向學生會「奪權」；四處串聯，企圖製造更加嚴懲的事端，他們鼓動學生罷課，並揚言要在二十七日再次搞示威遊行，都是非法的、不允許的。號召全市人民行動起來，堅決制止。

　　民心不可欺，大學生們根本不予理睬。今天早晨八點鐘，一些高校的學生們開始在校園裏聚集準備上街。學校的一些領導和教師受命前來對學生進行了勸阻，但均未能奏效。學生們在「民主、自由」的口號下聯合起來，呼喊著口號：「擁護共產黨！」「擁護憲法！」「擁護四項基本原則！」「消除腐敗，打倒官倒！」從他們各自的校園，排著整齊的隊伍走上街頭，湧向首都的心臟——天安

門。同一時間，首都的軍警也緊急行動起來，在通往天安門的各交通大道和場所，都被重兵封鎖起來了，似乎這裏將會有一場血戰。

大學生的遊行隊伍在前進！軍警的隊伍也在行動。八點三十分，天安門廣場已經軍警林立，成了一片綠色的世界。十點鐘，在新街口、豁口至德勝門的立交橋，北京化工學院、北京中醫學院的數百名學生，避開軍警的封鎖，沿著二環路孤軍遊行前進。十點三十分，新街口至西直門，北京師範大學、北京郵電學院等高校有五、六千名學生衝破軍警對他們的封鎖走出蔣門，上了街頭，在新街口受阻轉向西，沿二環路向西直門進發。十二點左右，遊行隊伍到達西直門，又遭到了軍警對恃、靜坐，近萬名群眾圍觀。人民同情、支持學生，自動讓出人行便道，並將快行道上的員警團團圍住，協助學生的遊行隊伍通過。學生們的愛國熱情和要求民主之心，得到了人民群眾的理解和支持，終於使軍警苦心經營的西直門防線被突破。學生的遊行隊伍沖過了西直門封鎖線，繼續向東挺進。在北京市西部的院校上萬名學生在官園匯合，從中午十二點到下午二點三十分，他們連續突破員警的多道封鎖線，衝過復興門，沿西長安街向東挺進。

下午三點，近千名員警在通往天安門的六部口設下了最後一道防線，竭盡全力，拼命阻擋西部來的學生遊行大軍。在這緊要關頭，事先零散進入天安門廣場的近千名學生，立即自覺地組成一支隊伍，從天安門向西直插員警人牆的背後，同時，沿途的人民群眾用身軀和自行車阻擋事先隱蔽在各條胡同內的大批軍警衝出，掩護了遊行的學生。在東西兩路大軍的前後夾擊下，衝跨了軍警的封鎖

人牆，打通了通向天安門廣場的道路。從下午三點到七點三十分，將近四十所院校的數萬名學生，在近百萬市民的擁戴下，有秩序地通過天安門、東西長安街，舉行了長達十多個小時的遊行，受到了沿途人民群眾的鼓勵和支持。傍晚，示威遊行的學生才逐漸散去。

據悉，北京市政府發言人再次發表聲明，指出這次遊行未經批准，是非法的。

面對學生們不顧政府的三令五申、衝破軍警的封鎖和阻撓舉行聲勢浩大的示威遊行，使人不得不佩服當代大學生們爭取民主、自由的高貴熱情，做出了當年我們想幹而沒有幹的英勇行動。但是，統治者是不會善罷甘休的。

全國性的整風運動實際上是從一九五七年五月一日開始的。《人民日報》正是在這一天發表了黨中央關於進行整風的指示。整個整風活動基本上是以鳴放和討論的形式進行的。中共中央統戰部還特地組織了一些討論會，其中最重要的一次邀請了各民主黨派的領導人和一些無黨無派的著名人士參加。緊接著，全國各地都組織了不同層次的討論會，與會人員也發表了各式各樣的意見和見解。

就在各民主黨派領導人和無黨派名人對共產黨進行小心翼翼、字斟句酌的批評的時候，年輕一代卻欣起了幫助黨整風、消除「三害」的浪潮。具有「五四」運動革命傳統、並在現代中國歷史上領導過幾次學生運動的北京大學，這一次又一馬當先，充分地「鳴放」起來了。正如林昭在一九五七年五月二十五日所記的：

……辯論會、講演會繼續在開。刊物如雨後春筍，有大字壁報《廣場》、《自由論壇》；油印小報有《五月》、《觀察家》、《紅樓報》、《除三害》、《春雷》、《助整風》、《爭鳴》、《百花壇》。這些都是同學們自己湊資出版的同仁刊物。突破教條主義框子，思想有如春水，飽含生氣。喧嚷著、洶湧著，在一切領域內漫延起來，而且在一點上匯流——探索黨內三個主義的根源，要求擴大社會主義民主。有人高呼：「不要黨天下，不要專政，要民主、自由、思想解放，要真正的美好的社會主義。」所有這些，不僅表達了同學們自己的生活抱負和沮喪心情，還道出了整個中國大學生們的生活目標和痛苦心情。成百上千張大字報和諷刺黨員幹部的漫畫貼滿了飯堂、宿舍、食堂和教室的牆壁。還舉行了好幾百次公開集會來批評黨的工作中的某些失誤。使同學們感到不安的既不是共產主義，也不是共產黨領導，而是黨對教育機構的管理，黨的幹部的傲慢態度和特權享受，重視「紅」而忽視「才」，盲目吹捧蘇聯和反對學習西方，事無巨細都照搬蘇聯那一套，以及在胡風事件問題上做得過火。

同學們的強烈不滿情緒，踴躍「鳴放」、大膽開展批語使整風運動到了五月最後幾天和六月的第一周即達到了高潮。可是，好景不長。六月八日人民日報發表社論〈這是為什麼？〉，毛澤東吹起了反擊右派分子的號角。黨的報刊連篇累牘刊載文章，勸說人民全力以赴參加反右運動。有消息傳來：六月十二日、十三日，湖北省

漢陽縣的上千名學生走上了街頭遊行示威，他們舉行了罷課，張貼
了許許多多大標語。上面寫著：「共產黨走下坡路了」、「毛澤東
要下臺了」、「打倒縣委會」、「歡迎國民黨趕快回來」等等。全
國其他地方也發表過類似的事件，但這些消息一直被控制、封鎖，
沒有報導。直到八月五日，新華社才公佈了這個消息，聲稱是「騷
亂」、「暴動」，指責遊行示威的學生搗毀了縣黨委的辦公大樓和
縣政府所在地，毒打共產黨的幹部，是反革命行動。

14 歷史不會忘記

1989年4月28日（星期五）

　　從上海市傳來《世界經濟導報》被查封沒收的消息，今天得到了證實。據新華社的報導：中共上海市委決定整頓《世界經濟導報》，停止欽本立的總編輯、黨組成員的職務，派駐整頓領導小組。其原因是：該報的第四三九期報紙上全面報導了《世界經濟導報》與《新觀察》雜誌於四月十九日在北京聯合召開「追悼胡耀邦同志座談會」的內容，有嚴家其、戴晴等人的發言。嚴家其說鄧小平同志已經忘了人民，脫離了人民。指出共產黨要無私地承認自己的錯誤，如果不承認錯誤，重蹈覆轍就在眼前。戴晴談的是中國共產黨七十年的歷史，分析了歷屆黨的總書記的命運。說黨的總書記都沒有好下場，都是非程序更迭。座談會上，許多知名人士都相繼發言，說明胡耀邦同志受到不公正待遇，他的辭職是黨的歷史上一大悲劇。要求重新對耀邦同志作出公正評價。對「清除精神污染」、「反對資產階級自由化」提出異議，說「反自由化運動」是不得人心的。要為在反自由化中蒙受不白之冤的公民平反昭雪，等等。中共上海市委書記江澤民得知這一情況，親自找欽本立談話，要求刪掉這些內容，重排改版。而欽本立拒絕了，在與市委領導的

周旋時間內,十六萬多份報紙已經全部印好,並有幾百份提前搶送發出去,有的已送往北京了。

欽本立的一意孤行,得到的是「停職」、「整頓」。中共上海市委指責《世界經濟導報》是打著所謂「新聞自由」、「敢說真話」的幌子反對四項基本原則,利用報紙的輿論導向作用,積極鼓吹資產階級自由化,公開向黨中央發難。頑固堅持要發行第四三九期報紙,是一個有計劃、有預謀的行動,是上海動亂的一個重要策源地,是在中國煽動和支持動亂的大合唱中一個刺耳的喇叭。

《世界經濟導報》事件使人想起了三十二年前的這一段——對上海文匯報的批判。它們竟是那麼微妙地相似和契合,令人感歎。

歷史不會忘記:那是在一九五七年六月八日人民日報發表社論〈這是為什麼?〉,吹起反右的號角後不久,在六月十四日以編輯部的名義發表了「文匯報在一個時間內的資產階級方向應當批判」。說文匯報在春季裏執行民盟中央反共反社會主義的方針,向無產階級舉行了倡狂的進攻,和共產黨的方針背道而馳。其方針是整垮共產黨,造成天下大亂,以便取而代之,真是「幫助整風」嗎?假的。人民日報社論指出文匯報的罪狀是:大量地報導了違反事實的反動新聞;大量地刊發了反動的言論;大量採用當作向無產階級進攻的工具的反動編排;成為反共反社會主義的報紙,替反動派做了幾個月向無產階級倡狂進攻的喉舌。

《人民日報》社論的發表,動員全國人民掀起了反右運動的高潮,特別是在新聞界。《光明日報》總編輯儲安平、文匯報總編輯

徐鑄成在反右運動的壓力下，不得不繳械投降，俯首認罪，紛紛自我檢討，承認自己的「反黨」罪行。還有一大批民主黨派負責人、知名人士、作家、學者都擺脫不了「右派」的厄運。最後運動深入開展到基層，一些小縣的中學老師和無關人員也都遭批鬥戴上了「右派」桂冠。善良無辜的大學生，更是在劫難逃。毛澤東搞運動的一貫手法——打擊百分之三到百分之五——又一次運用到反右運動上來。層層分配打擊任務數字。中國人民大學在一九五七年反右運動中，在教職員和學生中劃了二百多名右派分子，因上級分配的任務數字是四百名，故在一九五八年初，又補充劃了一百多右，共計三百七十六名。

歷史的發展，往往有驚人的相似之處。但願一九五七年那種令人悲歡、可笑的事不再發生。儘管現在是八十年代了，但也難說。林昭式的悲劇能重演嗎？

15 對話：好的開端

1989年4月29日（星期六）

今天下午，中央電視臺現場轉播了部分大學生與政府官員的座談、對話的實況。

這次對話是全國學聯、北京市學聯組織的，邀請了北京市十六所高等院校四十五名學生。政府方面有國務院發言人袁木和國家教委副主任何東昌。對話一開始，這位過去在國民黨統治時期參加過學生運動、解放後當過二十多年記者的袁木，首先就學生遊行一事發表談話。他說：「我來之前，李鵬同志還特別讓我轉告同學們，人民日報社論中講到的關於否定中國共產黨的領導，否定社會主義制度的政治鬥爭問題，是針對極少數人的非法行為說的，並不是針對廣大同學的。廣大同學懷著滿腔愛國熱情，希望推動民主進程，振興中華，深入改革，懲治貪污、克服腐敗，這些希望同政府的願望是完全一致的。」

在對話中，大家就懲治「官倒」、清理公司、廉政建設、發展教育、新聞報導和學生罷課、遊行等問題交換了意見。

關於「官倒」的問題，學生們一直稱「腐敗是動亂的根源」。學生說，遊行時，學生隊伍中有一條標語叫「官倒、官倒，不打不

倒」。而且，官倒問題許多涉及幹部子女問題；中央是風聲大、雨點小。希望落實到實處。

關於「學潮」的看法，有學生問中央對待此次學潮的態度？如何評價北京十幾萬學生參加的這場學生運動？北京林業大學的一位學生指出，「四‧二一」和「四‧二七」兩次學生遊行，受到數以萬計的北京市民的歡迎，有的把錢、食物扔給大學生，有的喊「大學生萬歲！」，說明學生的愛國民主運動是民心所向。

關於「關係圖」，學生說黨風不正有目共睹。腐敗現象嚴重。根據有人畫的「關係圖」，一些幹部子弟借裙帶關係獲得高級職務。請問怎樣從制度上解決這些問題。

關於「新聞要講真話，學生說：報紙、電臺不僅是黨的喉舌，還要是人民的喉舌。這次事件一直沒有全面報導。報紙、電臺封鎖新聞消息，也是引起這次學潮進一步高漲的原因之一。我們要求對整個事件的全過程予以報導，公之天下，公正評價。要糾正失實的報導，全面、真實、及時性地新聞報導，是民主建設的基本條件。

關於「事實真相」，中國政法大學的學生提出，在四月二十日學生遊行和靜坐過程中，有員警毆打學生，同學們要求政府拿出錄影帶，在各個學校播放當天晚上的全部錄影，向大家澄清「四‧二〇」事件的真相。

關於對耀邦同志的評價，中央民族學院的一位學生說：既然胡耀邦同志對國家的改革和民主進程作出了那麼重大的貢獻，中央在評價中又沒有說明任何問題，那麼黨的總書記說下就下，我要問：黨內的民主生活正常嗎？

　　關於這次對話的本身，學生們是有不同看法的。一位學生首先聲明，他是以個人身份來的，今天來的學生不能代表全體學生。學生代表應該以普選的方法產生，建議首都高校以普選的方法，選出代表來跟政府對話。有一位北京航空航太學院的學生站起來聲明說，學生們要求黨和政府領導人對話，而今天來對話的並不是黨和政府的領導人，因此表示抗議，並立即退出了會場。當一位政法大學的學生提出，政府應同「北京大學生自治聯合會」對話時，袁木、何東昌強硬表示：我們是來同全國學聯、北京市學聯邀請的學生進行座談、對話的。對未經認可的非法學生組織，我們不予承認。

　　對話進行了三個小時。對於進行這樣一場對話，人們各有評價。但無論如何，這是一個好的開端，是中國民主化進程中的一個進步，可喜的一步。這樣的對話在十年前是根本不可能想像的。對話的本身就反映了我們國家政治民主化的進步。林昭如果能活到今天，看到她的母校——北京大學的同學們和全北京市的高校同學，為爭取民主、自由取得對話的勝利，她會是何等的高興啊！

　　青少年，是一個人生活起步的年代。而林昭的青少年生活，像夢、像雲、像詩，只有從她的青少年同學那裏去追尋那已消逝的歲月。她的一個同學回憶說：

　　……一九四六年，林昭在萃英中學（現在的蘇州市第五中學）高中一年級讀書。她的身體是瘦弱的，面色微帶些蒼

白，給人的印象是善良而溫和的。然而，她的眼睛中總是有一股執著地追求真理的神情。她從不肯隨波逐流，喜歡追根究底。她的舅舅是革命烈士，被國民黨殺害在南京雨花臺。林昭這種追求真理的頑強和執著的精神，正是受了她舅舅的很深的影響。

林昭對社會活動，是極為熱心的。不論是班級裏或是全校有什麼活動，她都積極參加。從不拒絕那怕是具體而瑣碎的事務工作，總是熱情而且勤奮。我在文心圖書館地下黨同志的支持和幫助下，和楊教授、張文英等同志一起在閶門外組織了「大地圖書館」，作為團結這一帶青年、傳播進步文化的場所，林昭就是一個熱心的參加者。在這種場合，她的性格就只有熱情、積極這一面，往往不能從她的眼睛中再看見她的執著、頑強的神情。

解放以後，她到無錫蘇南新聞專科學校去學習，以後又分配到常州民報去工作。莊子說過：與其像魚那樣在乾涸的水溝裏相濡以沫，不如「相忘於大海」！五十年代初期的祖國，真是朝氣蓬勃，每個青年在各個不同的崗位上，如同魚游大海，忘情地工作著。林昭更是如此。

16 年輕人天真無邪

1989年4月30日（星期日）

　　昨天晚上和今天上午，在北京千萬個家庭和學校學生的宿舍裏，人們打開電視或收音機，收看、收聽袁木、何東昌等政府官方同北京部分高校學生座談、對話的實況。

　　一時間，這次對話成為人們的中心話題。由於電視臺、廣播電臺、報紙對這次對話給予了比較全面的、客觀的報導，有助於廣大群眾瞭解事情的過程與真相，瞭解黨和政府的基本態度，瞭解學生們的真實想法。總之，這是一次成功的對話，是推進社會民主政治的具體體現。當然，在有些問題上也還存在某些不同看法，這是正常的。有部分同學對這次對話不太滿意，覺得「不過癮」。他們認為，對話會上應該讓學生多說點話，多提些問題，多講述自己的觀點。

　　今天下午，北京市的黨政官員李錫銘、陳希同等又一次同北京市所屬的十六所大專院校的二十九名大學生，面對面地進行了坦誠的對話。北京市電視臺轉播了對話實況。

　　對話會上，北京大學分校生物系學生劉立軍發言，他認為二十六日人民日報的社論歪曲了這次學生遊行的本意。他說：「如

果市領導剛才表達的動亂不是指學生的意思，如果昨天袁木所傳達李鵬的話在二十六日人民日報社論中表達清楚的話，那麼二十七日的遊行規模會那麼大嗎？會引起那麼多不必要的麻煩嗎？」市長陳希同說：「說得對，我覺得這位同學說得對！我們確實一是闢謠晚了，二是對話搞晚了一些。向你們作檢討。」劉立軍又說道：「市委是否考慮過使用『動亂』這個詞的副作用？這次學生運動與『文革』動亂相比，從發生到組織形式、內容都截然不同。這次學生提出要新聞自由。如果平常同學們的正常意見能有渠道傳上去的話，是否還會有今天的對話？現在是有意見平時沒處表達，到時候就會出大事。各級領導是否瞭解同學們的情緒？我們說幾個人腐敗，不能說整個黨不好，幾個員警違紀打了人，不能說整個公安隊伍不好，所以，也不能因個別大學生存在的消極方面，就認為這次學生運動是一場動亂。我認為這次學生運動是一場偉大的愛國運動。一個國家不能沒有這種優秀的愛國青年，放棄了這些愛國青年，就等於放棄了這個國家的寶貴財富。」

對話會上，市長陳希同否定了「學生製造動亂」的說法。自稱二十日凌晨在新華門前執行公務的北京市委秘書長袁立本也說道：「應該把同學同極少數別有用心的人區別開來。」他同時也主張：「把同學們與動亂區別開來。」總的說來，這是一次坦誠的交談。

年輕人是天真無邪、熱情奔放的。看了電視的實況轉播，這群八十年代的大學生，他們與林昭的純真、堅強何其相似。

一九四九年在無錫惠泉山麓的蘇南新聞專科學校裏，我們相識了林昭。那時她的名字叫彭令昭。雖說她是同學中年齡較小的一個，但她文思敏捷，才華出眾，篇幅短小的新專紀念冊上，就選錄了她三篇文章，贏得了新專女才子之稱。她天真善良，熱情奔放、心地純潔，對待同學以誠相見，不少同學親呢地喚她為小妹妹。

一九五二年桂花飄香的季節，林昭被分配到常州工作三年多，其中將近兩年時間是在《常州民報》度過的。她愛讀書，勤工作，喜寫詩歌和通訊。她擔任副刊編輯，精心編輯來稿，積極撰寫詩文。她在報上發表的詩、通訊有四五十篇之多。林昭身材很瘦弱，形態像個小女孩，可她待人處事又是那麼能幹老練。她嘴角常常帶著咪笑，短小的髮辮上結紮著兩朵白花，身穿花格布上衣，又常常肩披外衣，輕聲細步地踱來走去，那形象宛似惹人喜愛的「小花貓」，因而報社的人都親熱地叫她「小貓咪」。儘管她嘴巴不饒人，好與人爭論，不輕易放過別人的缺點和錯誤，但她尖銳的批評中總是伴隨著咪笑進行的，給人以坦率、純真之感。她的同事同她開玩笑：「小貓咪，今天吃到魚沒有？」「小貓咪，逮到老鼠了吧！」說完，彼此哈哈一笑。笑聲裏洋溢著信任，寄託著希望。

誰能想到，當初很有希望的「女才子」，討人喜歡的「小花貓」，會在十幾年後受到「史無前例」令人心寒的悲慘遭遇！

17 瞪著眼睛說瞎話

1989年5月1日（星期一）

今天是五月國際勞動節。

大概經過前兩日的對話、座談，大學生們今天似乎平靜下來了，沒有什麼動靜。

天安門廣場陽光高照，春意融融。天安門城樓上宮燈高懸，彩旗飄揚，遊人如織，一派節日景象。中山公園和勞動人民文化宮免費開放，遊人很多，男的女的，紅的綠的，歡聲笑語、喜氣洋洋。這是半個多月來第一次再現的太平景象。人們從四面八方匯集到這裏，歡度國際勞動節。十多公尺高的孫中山先生巨幅畫像，又矗立在人民英雄紀念碑前，與天安門城樓上的毛澤東畫像遙遙相對。舉目望望毛澤東，轉過頭看看孫中山，令人頗為不解：為什麼今天沒有見到馬克思、恩格斯、列寧、史達林的畫像呢？按照過去的慣例，每逢「五一」和「十一」（國慶日），馬、恩、列、斯的畫像照例要擺在廣場的兩側。今年沒有了，令人迷惑不解。

孫中山先生巨幅畫像似乎成了一個難得的景點，吸引許多遊人照相留影。新大北照相館特地開設了以孫中山畫像作背景的照相業務，不到半天，就照了十多個柯達膠捲了。金髮碧眼的外國人也

扛著攝像機匆匆趕來，把鏡頭對著孫中山先生和畫像下的人們。早些時候有的報紙披露：世界上只有兩個國家（中國和阿爾巴尼亞）在節日擺史達林畫像。今年的五一節，全世界擺出史達林畫像的國家，也許只剩下一個了。當年史達林在沒有頭腦的人的「烏啦」聲中，豈不是神氣十足，奉承為全世界社會主義革命的領袖。在蘇聯有多少由於反對史達林的某些錯誤見解而被當做反革命砍去頭，（「勝利者代表大會」參加者在會後兩年之間被砍去了一半，選出的中央委員百分之七十被殺了頭）。「反對史達林就是反革命」，今天看來已是可笑的，但在當年卻奉為天書，誰敢說個不了。只有高喊「萬歲」的人才能得以生存和實惠。郭沫若是靠喊萬歲起家的，人們的順口溜：郭老不老，勁頭不小，一鼓氣放出「萬歲之連珠炮」。他還喊過史達林大元帥萬歲，萬萬歲……。史達林沒有萬歲，最後還是死了，但郭老卻得到了一個可恥的獎金了。

法西斯的無產階級專政可以封住人們的嘴，停住人們的筆，但永遠不能停住人們的記憶。

……在一九五七年的鳴放辯論會上，中國人民大學學生林希翎曾談到蘇共赫魯雪夫的秘密報告。當時中國共產黨否認有這個報告，說是美國國務院的造謠。林昭有獨特的見解，她說：

> 「赫魯雪夫的秘密報告是真有其事，美國的情報人員用重金購得，在美國的報紙上全文公佈了。她們大學（反映北京大學）西語系的同學全文翻譯，用大字謄寫出來貼在學校

的校園裏。中國共產黨是瞪著眼睛說瞎話，說是美國間諜機關捏造的，這多麼笨，真是撒下彌天大謊。

林昭又說：

　　我過去對史達林的印象很好，蘇共中央對史達林的批判，我還很生氣。但到我看到這個秘密報告以後，才看穿了史達林，竟是一個不折不扣的法西斯暴君。「基洛夫被刺死和史達林有關，他又利用這事件進行紅色恐怖，製造列寧格勒事件殺黨政軍領導人」。史達林在自己的後半生中大搞個人崇拜，一個人說了算，獨斷獨行，將肅反問題無限擴大化。我們國家也是肅反擴大化，殺了七十七萬人，其中至少有七十二萬人是冤枉的。我很同意南斯拉夫關於個人崇拜是社會制度的產物的意見。人們罵鐵托・卡德爾是修正主義，可是論點蒼白無力！馬克思主義告訴我們，所有社會現象都有社會歷史根源，史達林問題絕不是史達林個人的問題，史達林問題只會發生在蘇聯這種國家，因為蘇聯過去是封建的帝國主義國家。中國也一樣，沒有資產階級的民主傳統。中國也在搞個人崇拜，臧克家說毛澤東不僅是偉大的政治家，還是偉大的詩人。奉承為偉大的詩人，多肉麻！又有人說毛澤東是書法家，說他的字最好，我看不見得。總之，我覺得公有制比私有制好，但我認為我們現在的社會主義不是真正的社會主義。真正的社會主義應該是很民主的，但我們這裏是不民主的。我管這個社會主義叫做在封建基礎上產生的社

會主義，是封建社會主義，我們要為一個真正的社會主義而鬥爭！

林昭的這些看法，過了三十二年的今天看來，不由言中了。中國不僅僅是個封建的社會主義，而且可以進一步說，是一個法西斯封建社會主義。儘管近十年來改革、開放，但仍然缺乏法制，而是人治。在單位是首長一個人說了算。在全國，是鄧大人說了算。社會生活的現實，難道不是這樣的嗎？

18 請願書和給黨中央的信

1989年5月2日（星期二）

今天下午，首都高等學校數十名學生向政府有關部門遞交了他們給全國人大常委、國務院和中共中央的《請願書》。

《請願書》共有十二條，全文如下：

在「四·二七」遊行之後，政府通過新聞媒介表達了願與學生進行對話的願望，對此我們表示衷心的歡迎，為促成儘快達成實質性的對話，我們作為大家推選的代表，代表北京市高校廣大同學，向政府和黨中央提出我們關於對話的要求如下：

1、 對話方應建立在完全平等、真誠地解決問題的基礎上。在對話中，發言、質疑的機會應均等。

2、 參加對話的學生代表應該由大多數高校學生（特別是參加此次四月愛國民主運動的高校學生）公認推出。同時我們認為，鑒於各高校學生會、研究生會在這次運動中沒有起到任何正確的引導和有益的組織作用，因此我們絕不同意由各高校學生會、研究

生會指派學生代表，也絕不承認由政府單方面未經廣大同學的同意而私下邀請的學生充當學生代表。

3、 我們提出學生代表組成方式如下：鑒於同學自發組織產生的北京市高校學生自治聯合會在這次運動中一直起領導組織作用，並且在廣大同學中獲得了認可，可以由市高聯出面聯絡組織，由首都各高校學生根據人數多少的比例各推出若干名代表組成學生代表團。在代表團內部經充分討論磋商後，從中推舉出若干名學生代表作為學生一方總發言人，其他代表具有列席旁聽，並對學生方面的發言作協商補充，及向政府方面發言人提出質疑的權利。

4、 政府方面出席對話的人員，應為中共中央政治局常委，全國人大常委會副縣長委員長、國務院副總理級別以上，具有瞭解國家各種事務及決策權利的人員。

5、 對話必須允許雙方邀請的民間人士或團體的代表參加旁聽，任何一方不能拒絕或阻攔。被邀請代表在對話過程中不具有發言權，但具有事後就對話內容發表看法的權利。

6、 雙方發言人必須有發言機會均等的權利。雙方發言人每次發言必須限定時間，質疑應限定在三分鐘以內，答問應限定在十至十五分鐘之內，允許發言人在問答中多次質疑。

7、　對話過程中必須允許中外記者現場採訪報導,同時中央電視臺、中央人民廣播電臺應現場直播全部對話過程。對話雙方均具有現場攝像錄音和記錄的權利,任何團體或個人不得以任何藉口加以干涉和阻撓。

8、　對話應在政府和學生代表分別指定的地點輪流舉行,時間可由雙方協商確定。

9、　政府參加對話人員在對話過程中應儘量回答並在會後儘量解決可以回答和解決的問題。如果某些問題確實不能迅即答覆,可商定在限定的時間內舉行下一輪對話,任何一方不得無理拒絕。

10、　為保證對話結果的法律效力,對話雙方必須對對話結果出具聯合公告,並經雙方共同簽字證明。

11、　必須保證對話雙方代表的人身和政治安全。

12、　每一輪對話之後,必須在國家各大報紙及電臺上如實報告結果,出具公告,並宣佈下一輪對話的時間、地點等事宜。

關於以上要求,我們聲明如下:

1、　為確保對話儘快達成,對以上要求,我們希望在五月三日中午十二時以前予以答覆,並在對具體要求作具體答覆的基礎上,附注各條答覆的理由,形成書面文件。

2、　如果五月三日中午十二時以前我們得不到答覆,我們將保留在五月四日繼續遊行請願的權利。

3、 關於第一輪對話，我們建議在五月四日上午八點三十分，地點可設在北京大學。

4、 此請願書將抄一副本給中華人民共和國政治協商會議。

　　看到大學生們的《請願書》，使我想起了自己在讀大學的時候，也是像他們一樣，有著不可抑制的青春熱情。在一九五七年整風開始的時候，看到一些衛道者打擊、壓制群眾的大鳴大放，就憤憤不平，給黨中央毛澤東寫信，結果成了罪狀。現原文抄錄下來，也是一段歷史記錄：

給黨中央的信

黨中央辦公廳　轉

毛澤東同志：

　　作為一個共產黨員，這兩天我的心情很沉重。因為今天在我們中國人民大學，黨不是發動群眾幫助黨整風，黨是在整學生的思想。

　　校內群眾性的整風運動，是五月二十七日開始的，到今天才是第四天。從整風開始的第一天起，同學們就表現了極高的熱情，每天深夜十二點鐘，還可以看到許多同學在寫大字報，揭發黨的缺點。可是，也就在這幾天裏，我們學校的整風運動，遭受到了來自黨內的巨大壓力。

　　在學生參加整風運動以前，學生黨員並沒有很好的、有組織地學習黨的整風指示。黨委也沒有教育黨員怎樣參加

整風。（當然，一般性的號召鳴放的會議是參加過的）。
不僅這樣，在整風開始的前一天，當校內接到「北京大學同學可能來人民大學活動」的消息時，校黨委竟錯誤地佈置：「如果北大同學要不講理，散佈反動思想，可以把他們轟回去。」在這以前轟真副校長也在大會上宣稱：「北京大學整風搞亂了，出了偏差，各種反動口號都出來了。」等等，對北京大學整風方式，完全否定。所有這些造成的後果，是很多黨員在整風到來時，缺乏思想準備，不僅不傾聽群眾意見，鼓勵群眾消除顧慮，大膽鳴放。一般地卻是考慮備戰狀態，嚴陣以待，一心一意去除「毒草」。

校內到處就可以看到這樣的現象：

有人貼了一張廣告預告某日某時將在某室舉行演講，題目是：「黨的危機」。還刊出了簡要提示。可是講演沒有作，不少黨員（也有非黨員）已經在那廣告普遍邊貼滿了駁斥的文章，大喊「黨沒有危機」。不少黨員看到不合心意的大字報，臉立刻青了起來，在群眾中指手劃腳，評頭品足、冷潮熱諷、嘔嘔不絕。

在這樣的空氣中，同學們的顧慮不是日益消除，而是日益增加了。人們只能對校裏雞毛蒜皮的事情發表意見。至於嚴懲的有關國家政治生活的問題，就很少有人敢說了。

不過，校中也有思想比較活躍、比較勇敢的人。法律系的林希翎就是這樣一個人。她根據自己接觸到的一些事實，揭露了黨和政府工作中不少比較嚴重的缺點，並且提出了自

己的看法。在她的意見中，有不少正確的東西，也有極多看來是不正確的論點。但不管怎樣，她那種大膽揭發、獨立思考的精神，正是整風中特別要提倡的。堅決支持林希翎，就能啟發同學們進一步打消顧慮，打破教條主義的思想束縛。然而，我們的校黨委卻不這樣做，而是接受了一部分同學的意見，讓學生舉行了一二千人參加的辯論會，辯論林希翎的思想。

實際上，這怎麼能算辯論會？！林希翎還只是一個二十三歲的女孩子，她又是一個普通的學生，看問題有著極大的局限性，而她在發表自己的意見時，接觸的問題、涉及國家生活的一切方面。如果要駁斥她，當然有很多可以駁斥的地方。我們就這樣在一、二千人的大會上，一字一句地去駁斥這一非黨非團的姑娘。並且很大一部分駁斥者還常常歪曲林希翎的原來精神、斷章取義的批駁。於是，辯論會基本上成了鬥爭林希翎思想的鬥爭大會。這個會開了兩天，其後果是給許多想鳴放的同學的心頭籠上了暗影。這就是我們學校的整個情況。

敬愛的毛澤東同志，我建議中央立刻派出檢查組，檢查高等學校中的整風情況。在我們人民大學，在很多黨員中，教條主義、宗派主義的思想情緒，仍占著統治地位。這種情況不改變，整風運動無法開展。

19 喋血的記憶

1989年5月3日（星期三）

　　今天首都三千多名各族各界青年和中央領導多人，在人民大會堂召開了紀念「五四」運動七十周年大會。會上，趙紫陽總書記作了長篇講話。他說：「建設和改革、民主和科學的要求是：穩定、漸進、理智、秩序、法制。當代青年最可貴、最需要的品質是：清醒、理智、堅毅、沈著、實事求是、艱苦奮鬥。」

　　與此同時，國務院發言人袁木在全國記協舉行的中外記者招待會上，就昨天北京學生提交的請願書問題，回答了中外記者的提問。

　　記者問，昨天，一些高校學生向全國人大常委會、中共中央和國務院辦公廳信訪部門遞交了「請願書」，提出有關與政府對話的問題，並要求今天中午以前作出答覆，請問政府將如何答覆。

　　袁木說，昨天下午三時國務院辦公廳信訪局的負責人在國務院信訪接待站接受了這份「請願書」，「請願書」表示歡迎與政府對話，這一立場與政府立場是一致的。我上次與學生對話時，就說過政府願意在不同層次不同範圍內通過不同渠道與各種不同觀點的同學對話。這種對話是為了溝通思想、增進理解、有利於促進問題的解決，而不是政府與學生之間不同對手的談判。昨天部分學生的

「請願書」中對對話提出了一系列的先決條件，而我早就說過，對話應建立在互相信任和誠懇的基礎上，不應有先決條件。

袁木說，部分學生在「請願書」中共提出十二條，核心的問題是三條，第一，他們要求對話排除經過民主程序選出的全國學生聯合會、北京市學生聯合會和各高校的學生會和研究生會，提出決不同意由他們組織的對話，而是要由在這次遊行中非法組織起來的所謂「北京市記校學生聯合會」的代表對話。把由學生經過民主、合法程式選舉出來的組織排除在外，而由非法成立的學生組織來參加對話，這是不合情理的，也不利於學生之間加強團結，容易引起學生之間的紛爭，政府不願意看到這種情況。

他說，「請願書」中核心的第二點是要同政府平起平坐，成為談判的對手，甚至要超越政府之上，這不僅不合情理，而且表現了青年學生相當程度上的一種幼稚的衝動。「請願書」不僅提出了對話前政府必須事先答應的條件，而且提出政府什麼人參加對話必須經過他們同意。他們規定政府出席對話的應為國務院副總理、人大常委會副委員長、黨中央政治局常委以上，我想，對這些要求公眾輿論也不會同意的。請大家想一想，這樣的說法是否合情合理。他說，第三，「請願書」不僅提出如此苛刻的條件，並限期答覆，否則就要繼續遊行示威。這是最後通牒式的請願，是帶有威脅性的。

袁木指出，從請願書中可以看出，確實有人在背後給學生出主意，挑起社會動亂。政府已多次說過，挑起動亂的是極少數人。

袁木在回答美聯社記者提問時說：學生後面有極少數人在出主意，這些少數人主要不是學生，但也不排除極個別的學生。他說，

我們已經宣佈，如果不觸犯刑律，學生的過激的言論和行動都不予追究；如果觸犯刑律，將按刑律追究。他再次代表政府重申，對廣大青年學生的愛國熱情，將加以保護、愛護，並表示充分理解。

「美國之音」的記者問：你們指的背後的少數人，是否可以點出名字來。

袁木回答說，有大量事實表明，最近在北京高等院校發生的事情，包括罷課、遊行，有極少數人在那裏出謀劃策。舉例說，被中國政府宣佈為反動組織、現在美國的「中國民聯」的一些成員，就扮演了這樣的角色。

中國國際廣播電臺記者問：亞洲《華爾街日報》報導說，方勵之主張外國應以人權問題向中國施加壓力，中國如不改變，應抽走資金，對此如何評價。

袁木回答說：「我已經看到了這方面的報導，方先生的這種主張究竟是出於什麼樣的目的，我想任何一個有愛國心的中國公民，任何一個真心誠意地主張中國改革開放的公民，任何一位真正希望中國改變貧窮落後面貌富強起來的人，都會作出自己的判斷的。」

袁木還說，「方勵之一向打著主張中國全面改革開放的旗號，如果這一報導屬實的話，這是否使人感到是一個尖銳的矛盾呢？在中國正在一定範圍內發生某種程度的動亂以及國家經濟出現某些暫時的困難時，方勵之提出這種主張，用心是什麼？他在動亂中要扮演一個什麼角色？他自己的言論和將來的事實是會作出結論的。」

香港《東方日報》記者問：為什麼極少數人可以挑動上萬學生遊行，背後是否有什麼社會原因？

　　袁木說，少數人之所以能夠挑起動亂，的確存在著經濟的、政治的、社會的、思想的原因，背景是複雜的。

　　袁木說，我們在改革開放過程中，在進行社會主義現代化建設過程中，也有缺點和失誤。如現在還存在這樣那樣的貪污腐敗現象，少數人利用群眾對這種現象的不滿，挑動要否定共產黨的領導，否定社會主義制度。我們今天的社會主義是複雜的。社會上還有極少數一直堅持反黨反社會主義立場的人。有的人就是要反對國家憲法，反對四項基本原則，反對中國的各種規章程式；有的人就是唯恐天下不亂。有的人想在一場動亂中達到在安定團結的條件下不可能達到目的。據我所知，有些人已在高等院校進行了幾年的思想灌輸，進行了種種非法的組織串聯活動，希望這些人不要以為政府很天真，不瞭解情況。

　　國家教委副主任何東昌說，大學生中百分之九十九點九以上是好的，是善良的。但是他們背後確實有人在挑動他們。這些挑動的人現在有一個公開的綱領性口號，就是要求徹底否定反對資產階級自由化。他說，「自由化是一個政治概念，就是主張否定黨的領導，否定社會主義制度。現在提出的七條要求、九條要求，包括外地的、共同點都在這裏。」

　　香港英文《虎報》記者問：政府是否會根據法律對學生幕後的人採取行動？

　　袁木回答說，對於最近動亂中直接進行打、砸、搶、燒的違法分子，政府已經採取了隨時發現隨時拘捕的措施，在西安、長沙已先後拘捕了一些人。但對於極少數和沒有露面藏得很深出主意的

人，在目前魚龍混雜、難於把他們與廣大學生分開的形勢下，政府還不準備採取措施，現在採取拘捕等行動顯然是愚蠢的。

袁木、何東昌等在高考招待會上的答問，批駁了學生的請願書，稱此次學潮背後有極少數人出謀劃策、煽惑鼓動。袁木、何東昌的出言不遜，更加激起了大學生們的憤慨，一致決定：明天將繼續舉行更盛大的遊行，表示抗議！

中國就是這樣：四十年了，但「左」的幽靈總是時隱時現，徘徊在這九百六十萬平方公里的大地上。遊行示威自由本來早已寫入憲法的公民不可剝奪的民主權利，然而長期以來一直被認為是鬧事和動亂。這樣一來，就把民主自由同安定團結對立起來。一九五七年那場貨真價實的「反右運動」，恰恰不是實行民主自由，而是封建主義復辟，實行法西期獨裁專制的結果。用高壓的手段鎮壓了一大批爭取民主而心底善良的知識份子。現在，學生一上街就被說成動亂，就要追後臺、抓黑手，說什麼要警惕你們背後長鬍子的人。現在「指名攻擊黨和國家領導人」的語句又出現了。難道一旦當了領導人就有免遭人們批評的特權了嗎？學生們呼喊了一點點尖銳的口號，也成了違法行為。這一切令人感到十分不安和莫大的悲哀！

在那十年浩劫中，現代造神運動，像一場拔地而起的龍捲風，不知破壞了多少溫暖的家庭，不知窒息了多少無辜的生命。僅僅由於對毛澤東、林彪、江青有一字一句損害被定為「惡毒攻擊」加以逮捕、判刑的，全國就有十萬多人。在「四人幫」慘澹經營的上海，在「炮打中央文革」等罪名下製造的冤案、錯案就有二十四萬

九千多起，受到株連的無辜群眾在一百萬人以上！在這種政治條件下，那些敢於向林彪、「四人幫」以及他們製造的一代迷信挑戰的人們，都毫無例外地成了「惡毒攻擊」的「階級敵人」。張志新被割斷喉管送上刑場已為人們所知。林昭也和張志新一樣，由於她不願意向風靡一時的現代迷信活動屈服，被關進了上海監牢。但是，她堅持用記日記、寫血書等種種形式，表達自己對真理的堅強信念。她在牢獄中唱歌、喊口號，便不能不受到「全黨共誅之」、「全國共討之」（林彪的話），以至「千刀割、萬刀割」（江青的話）的懲罰。林昭終於從有期徒刑加判「死刑」，立即執行，過早地結束了自己年輕的生命。

林昭就義的詳細經過至今無從查考，只知道這樣一個消息：一九六八年五月一日清晨，幾個「有關方面」的代表找到了她年邁的母親，宣告林昭已於四月二十九日被槍決。由於「反革命分子」耗費了一發子彈，她的家屬必須交納五分錢的子彈費。這真是使人毛骨悚然的天下奇聞！在中世紀被判「火刑」燒死的犯人無須交付柴火費，在現代資產階級國家用「電椅」處死的犯人也從未交過電費，唯有在中國、在林彪、江青天的法西斯的統治下，人們竟要為自己的死刑付子彈費，這不能說是又一個「史無前例」的創造發明！

20 「七十年了……」

1989年5月4日（星期四）

今天的北京城，氣溫高達攝氏三十度，持續了二十天的社會震盪也到了高潮。亞洲最大的廣場──天安門廣場變成了一個多元的色彩紛呈的世界。

上午，軍警在天安門廣場周圍實行戒嚴和交通管制。廣場正中，萬名新團員在沒有閒雜人等的空曠的紀念碑前宣誓入團；北面，勞動人民文化宮彩旗招展，數萬青年人湧進去聯歡；西面，來自四十七個成員國和地區的高級官員、金融家，在人民大會堂舉行亞洲第二十二屆年會，臺灣的要員郭婉容女士第一次踏上人民大會堂臺階。就在亞行代表剛離開楊尚昆的宴會，北京大學、清華大學、中國人民大學、北京師範大學等首都四十多所高校數萬名學生潮水般湧進了天安門廣場。學生遊行隊伍打出了這樣的橫幅──「七十年了……」

儘管在前一天，政府發言人已向中外記者表示「不希望再看到影響社會穩定的遊行示威」。北京公安局昨天發出通告：五月四日早七時至晚六時，天安門廣場實行戒嚴，禁止行人和車輛通行。但是，學生們還是來了，顯然未予理會政府發言人的規勸和北京市公

安局的公告。儘管政府當局從清晨就出動了大批軍警，試圖阻攔這次遊行示威，沒有奏效。

早上八時許，四十多所高校數萬名學生走出校門，分東西兩路向天安門廣場進發。這是學生們繼四月二十二日、二十七日以來的第三次較大規模的示威遊行，遊行的學生也不同於前兩次，少了許多悲壯的色彩，顯得更加從容和自信。遊行隊伍組織嚴密、秩序井然。每個學校都有佩戴袖章的學生糾察隊，手拉手地護衛著遊行的方陣隊伍。學生們呼喊著「擁護共產黨，振興我中華」、「政治體制非改不可」、「打倒官倒、清除腐敗」、「深化改革」和「對話要有誠意」等口號，徐徐前進。

下午二時左右，參加遊行隊伍的高校增加到七十多所，汗流浹背的遊行隊伍分三路到達天安門廣場。學生們湧進廣場，情緒激昂，唱著國歌，高舉著「弘揚五四精神」、「順應時代潮流」、「科學、民主、法制」、「今天又五四」的大幅標語。在遊行隊伍中，還有復旦大學、深圳大學、吉林大學、山西財經學院、香港中文大學等遠道而來的學生。

數百名受職業良心驅遣的新聞記者隊伍走來，使天安門廣場出現了一次高潮。據悉：他們最初是在民族飯店前「集體圍觀」學生遊行，站了兩個多小時，年輕的記者終於忍不住，打起「首都新聞工作者」的橫幅，跟著學生開步走來。他們喊的口號是：「新聞要說真話。」「我們想說真話。」「不要逼我們造謠。」「我們愧對人民。」「重大情況讓人民知道。」「新聞要客觀公正。」「加強新聞監督，推進政治改革。」等等。

　　下午三時十分，「首都高等院校學生自治聯合會」的學生領袖在廣場宣讀了他們的《五四宣言》。宣言中說：「我們促請政府加快政治體制改革的步伐，我們的思想與政府並不矛盾，我們的目的只有一個，實現中國的現代化。」宣言最後宣佈：「自五月五日全體學校復課，並將繼續要求真正的對話。」這是首都高校學生在連續罷課九天之後的表示：他們將於明天復課。

　　下午四時左右，集會結束。遊行隊伍有秩序地緩緩離開了天安門廣場。遊行的學生拖著疲憊的步子踏上了歸途。參加這次遊行集會除本市的學生外，還有來自天津、上海、長沙、南京、西安等地的一些高校的學生。遊行隊伍從始至終都是在眾多的市民群眾擁戴下行進。北京市的人民都積極支持學生們的示威遊行，說這是「五四」以來規模最大的一次學生運動，今天的壯舉是紀念「五四」最有意義的舉動。人們認為：清除腐敗，打倒官倒是符合民意的。

　　另外，有消息傳來：今天發生遊行的城市有上海、武漢、長沙、杭州、南京、西安、太原、成都、重慶、蘭州、西寧等。其中上海、西安、武漢參加遊行的學生達萬人以上，其他城市遊行的規模在千餘人至數千人之間。一些城市的學生遊行，向當地政府機關提出了具體的請願要求。

　　一九五八年五月四日的晚上，林昭與一個朋友來到了天安門廣場，踏上了人民英雄紀念碑的臺階上，在微弱的路燈映照下，在基座浮雕的八塊巨大漢白玉浮雕中，他們找到了「五四」運動的地

位：「鴉片戰爭」、「太平天國運動」、「辛亥革命」在前,「五卅運動」「南昌起義」、「抗日游擊戰爭」和「勝利渡長江」緊接在後。林昭感到每一幅浮雕都凝聚著先烈們的鮮血。他們獻出了寶貴的生命,開闢了廣闊的道路。但,可悲的是,共產黨和毛澤東,不敢正視自己的缺點和錯誤,將一場全民幫助整風運動變成了一切鎮壓知識份子的反右運動。好心幫助黨整風提出的意見,統統都說成是向黨向社會主義進攻的罪行。

林昭感歎地說:「我們是好心提意見,想幫助黨改掉缺點,促進更快的進步。其實,按社會分工,那主要不是我們學生的事,我們沒有直接的、功利的目的。我們追求更高的價值標準,那就是民主與科學。」林昭指著「五四運動」的浮雕說道:「我絕不悔恨把我打成右派,這不過是時代的悲劇。只能證明:今天的事業將比過去更加偉大;今天的任務比昨天更加艱巨。我們要把千百年來人類的理想,百十年來先烈們的夢,實現在中國的泥土上。讓我們學習前人英雄的榜樣,進!進!進!」。

三十個「五四」過去了,在集權政治下的青年學生們覺醒了,今天大學生們爆發的巨大的愛國熱情充分證明了:希望在於青年。人們也切實的感覺到:社會在向新的秩序躍進。不管有多少曲折、險阻,從集權政治走向民主政治的一天,終究是會到來的。歷史在考驗人們……林昭終生所追求的——民主、自由、科學的曙光已出現在東方地平線上了。

21 陣痛後的昏迷

1989年5月5日（星期五）

昨天晚上，中央人民廣播電臺連續播放了趙紫陽在亞行年會上的講話。趙紫陽向亞行的代表們充滿自信地說：「中國不會出現大的動亂……我對中國的政局的穩定和改革前途持樂觀態度。」

趙紫陽的講話在大學校園又激起新的興奮點。昨天晚上十時左右，北京大學三角地前，裏三層外三層的學生在注意聆聽這「使人耳目一新」（北大一學生語）的聲音。趙紫陽在分析國內形勢時再三指出：「中國不會出現大的動亂，現在最需要是冷靜、理智、克制、秩序；在民主和法制的軌道上解決問題；需要廣泛進行協商對話，增進理解。」趙紫陽的這個講話獲得了高校學生和市民們的歡迎。

首都高校師生們認為，這個講話真實、客觀、公正；讓人容易接受，說趙紫陽的講話找到了黨和政府與學生的共同點。一是真實，講話中指出學生對共產黨和政府又滿意又不滿意，講出了大家的真實心態；二是客觀，講話中指出少數人會利用學生，而不是說已操縱了學生，比較符合實際；三是公正，對學生的愛國熱情作了肯定，解除了大家的疑慮，表明了黨和政府的誠意。

是的，趙紫陽的講話是比較客觀、溫和，很有說服力，讓人們看到了希望。趙紫陽說，遊行隊伍中的絕大多數同學對共產黨和政府的基本態度「又滿意、又不滿意」，反映了同學們的真實思想。同學們對改革是滿意的；對貪污、腐敗現象是不滿意的，而且很不滿意。趙紫陽在講話中說：「他們絕對不是反對我們的根本制度。」這句話說得非常客觀。學生們遊行的基本口號就是：「擁護共產黨」、「擁護社會主義」、「擁護改革」、「推進民主」。絕不是反對共產黨，而是反對的是共產黨中的腐敗、官僚、專制。趙紫陽說道：「現在最需要的是冷靜、理智、克制、秩序。」這八個字講得比較客觀。我認為這句話既是對學生說的，又是對政府說的。我們絕對不要把矛盾激化，學生和政府的目標是一致的。

北京大學的一些同學，對趙紫陽提出運用民主法制來解決問題的思路，對沒有片面強調安定團結，對不是指責學生，而是坦率地承認政府的失誤表示贊同和敬佩。對所謂學生會被人利用的問題表現出冷靜和泰然給予極高的評價。一部分學生表示要觀望，看政府下一步的實際行動。

今天是學生們宣佈復課的第一天。從電臺廣播中聽到，已有大多數學生到教室上課了。可是，仍有不少學生沒有去上課。他們成群結隊的來到天安門廣場散發傳單和串聯。他們的話題圍繞著一個主題：擁護和贊成趙紫陽總書記會見亞行年會客人時的講話。有的學生說：「趙紫陽到底是總書記！水平高，對學潮評價十分準確。」他說遊行隊伍中的絕大多數學生不是要反對我們的根本制度，而是要求我們把工作中的弊病改掉。有的同學說：「趙紫陽還

指出，現在最需要的是冷靜、理智、克制、秩序，在民主和法制的軌道上解決問題，這是明智的做法，比那些高舉反動亂的旗幟，似乎要大開殺戒的做法要高明得多。」有的同學甚至還說：「還有那些一口一個旗幟鮮明，反動亂的人，也該做檢討了吧！」另一個說道：「趙紫陽提出的辦法是值得歡迎的，但關鍵看下一步如何對話，能解決什麼實際問題，如果開了空頭支票哄騙我們，還得遊行。」下午，據北京晚報的消息報導，北京市高校罷課的學生從今日起陸續復課，有關部門初步統計，北京已有百分之八十的罷課學生復課了。同時，有北京大學、清華大學、中國政法大學等二十七所高等院校的學生自治會的同學，通過協商，民主推舉出了一個「學生對話代表團」，由這個代表團來擔負起對話的任務，繼續向政府有關方面表達同學們的願望和要求。

平靜的五月五日終於過去了，給人的感覺如同陣痛的昏迷。昨天究竟發生了什麼，它將給中國的未來造成什麼樣的影響，這個問題，無論是仍處於亢奮狀態的學生，還是面臨罷課、復課兩難選擇的「學聯」領袖，無論是對剛鬆了一口氣的政府，還是對眼花繚亂沒緩過勁的市民，一時都很難確說。從四月十五日到昨天（五月四日），隨著一位偉人的逝去，歷史突然加速運行，當這一切突然又靜止下來的時候，人們記憶中的資訊該如何處理？

「這是一場有計劃的陰謀，是一次動亂，其實質是要從根本上否定中國共產黨的領導，否定社會主義制度。」（《人民日報》四月二十六日社論）這是一種說法。

「廣大同學懷著滿腔愛國熱情，希望推動民主化進程，深化改革，懲治貪污，克服腐敗……」（國務院發言人袁木四月二十九日同首都高校學生對話）這又是一種說法。

「遊行隊伍中的絕大多數學生對共產黨和政府的基本態度，又滿意，又不滿意。他們絕對不是要反對我們的根本制度，而是要求我們把工作中的弊病改掉……」（趙紫陽五月四日講話）這是公開見到的最有權威的說法。

這以上三種從政府方面傳來的資訊也似乎頗為矛盾，這些判斷之間的邏輯是怎樣的呢？令人迷惑不解。

這段歷史的發生，人們絲毫沒有思想準備。它是必然的，還是偶然的？政府的人一再警告有長鬍子的人在幕後操縱。而一位理論工作者卻說，這是中國政治、經濟、社會潛在危機的顯露。他批評政府一開始沒有採取積極的、建設性的措施，新聞界沒有做出公開、客觀的報導。另一位學者呼籲，我們現在需要儘快從雙軌制轉向單一的商品經濟體制，從集權政治躍向民主政治。近二十天來的學生愛國民主運動，把政治體制改革的時間表提前了，人們深切地期望社會向新的秩序躍進。

22 民主、科學之艱難

1989年5月6日（星期六）

　　昨天，有來自臺灣、港澳以及蘇聯、美國、瑞典、日本的學者和中國的學者共一百三十餘人，帶著對跨度為七十年的兩個「五四」的思索與觀感，走進中國社會科學院的學術報告廳，參加了該院主持的主題為《五四運動與中國文化建設》學術討論會。

　　會上，儘管對於五四運動中啟蒙與救亡的歷史意義孰輕孰重有很大的爭議，但許多學者都對重新認識思想啟蒙這一問題表現了特別的關注。美國學者林毓生在發言中說：「思想的啟蒙是『五四』的最大象徵之一」，他認為五四以來中國最大的歷史難題在於，人們在危機中尋求出路的心情使他們輕易地接受強勢意識形態的指引，以致「一切思想與行動都變成了它的工具」，帶來重大災難和危機，於是人們又去尋找另一強勢意識形態，想走出這種惡性循環，唯有重建「多元而開放的理性啟蒙精神」，「建設真正開放性的現代化政治、經濟與教育制度」。

　　中國學者李澤厚則重申他的五四運動「救亡壓倒啟蒙」的觀點，他引申道，這使得「五四激情有餘理性不足，在更大規模更大範圍內取得了成果，也種下了禍根」，他將今天的非理性主義和新

權威主義的出現歸結為這一偏頗的餘脈。李澤厚的觀點引起學者們的爭鳴。

許多學者都提出啟蒙應從知識界走向大眾，在文化重建中知識界應重視操作意識和操作實踐，認為這也是五四運動的現實意義所在。中國社會科學院院長胡繩強調中國文化思想也要現代化。

今天，有四名學生代表北京二十四所高等院校的同學，向政府遞交了一份《請願書》。《請願書》要求中共中央、全國人大常委和國務院「就當前的學生愛國民主運動，深化政治經濟體制改革和推進民主法制建設等問題進行真誠的、建設性的公開對話」。政府有關部門官員答覆說，最近一個時期以來，國務院和北京市的有關領導同志已和部分學生對話。有些部長也去學校，到學生宿舍或辦公室、或邀請同學們到部辦公地點和同學對話。對話的效果是比較好的。今後將繼續多層次、多渠道與高校的同學進行對話。

科學殿堂召開學術討論，學生遞交請願書，這一切使我不禁感慨萬千……。

一九一九年五月四日下午，當北京的三千多名學生走上街頭，高喊「外爭主權，內除國賊」之時，恐怕沒有人意識到：這會成為中國現代史的開端。

七十年前，譁然於世界輿論的「五四運動」掀開了中國歷史新的一頁。二千餘年的封建思想在「打倒孔家店」怒吼聲中開始動搖，陳舊的文化傳統開始受到民主與科學思想的全面挑戰。然後，「五四」的先驅們也許未曾料到，七十年後的今天，舊儒學的封建意識依然在中華大地上佔據市場，民主與科學的口號再一次為爭取

民主、自由的後人重新採用。「五四運動」中提出反封建的任務，直到今天仍沒有得到很好的解決。人們不禁要問：為什麼民主與科學在中國有這般困難的遭遇？

七十年後的今天，當我們回首往事，展望未來時，共產黨走過的道路，包括建國以後的歷程，凡是正確的時候，勝利的時候，都是民主和科學精神得到尊重和實行的時候；凡是犯錯誤的時候，受挫折的時候，都是丟掉了民主和科學精神的時候。深刻的教訓是：為什麼民主與科學會被時而拿起時而丟掉？它缺少一種民主的法制，而往往落入人治的隨意性之中。

今日的中國，最需要國家民主政治的建設和全民族科學精神的發揚。我們要提倡艱苦的思考，理智的分析、冷靜的判斷、科學的決策。我們要從「階級鬥爭為綱」的思維模式中解放出來，學會科學的思維方式。今天，北京的大學生們又一次高高舉起「五四」的科學和民主兩面大旗，就是要把一百五十年的民族復興之夢變為現實，就是要讓七十年前現代化啟蒙者的呼喊全面落實在這片國土上！

林昭在一九五七年四月二十六日，曾寫過一篇悼念革命先烈李大釗殉難三十周年祭的文章。其中摘引的兩段文字，真像一柄柄匕首和投槍，儘管是在今天，在明朗的陽光下，在寧靜的屋子裏讀它們，還使人心激動地撞擊胸膛。

　　「禁止思想是絕對不可能的，因為思想有超越一切的力量。監獄、刑罰、苦痛、窮困乃至死殺，這些東西都不能鉗制思想、束縛思想、禁止思想……你要禁止他，他的力量便跟著你的禁止越發強大。你怎樣禁止他、制抑他、絕滅他、摧殘他，他便怎樣生存、發展、傳播、滋榮……」

　　「真正的解放，不是央求人家，『網開三面』把我們解放出來，是要靠自己的力量抗拒沖決，使他們不得不任我們自己解放自己。不是仰賴那權威的恩典，給我們把頭上的鐵鎖解開；是要靠自己的努力，把它打破，從那黑暗的牢獄中，打出一片光明來！」

23 從悲憤走向絕望

1989年5月7日（星期日）

今天是參加罷課遊行的首都大學生進入復課的第三天了。不過，青年人的激情還沒有馬上降下來。復課後的首都大學生邊學習邊冷靜的對這次為時半個月的遊行請願活動進行思考和分析。學生的遊行請願活動已告結束，但他們希望深化改革、克服腐敗、整頓黨風的熱情並沒有消減，他們希望通過平等對話的方式，把自己的意見表達出來。學生希望能有中央主要負責同志出來對話，因為負責同志對有些敏感問題可以直接回答，甚至可以當面拍板，當場宣佈解決問題的措施。這符合廣大群眾的迫切願望，也會提高中央的威信。同學們希望儘快看到政府拿出措施和行動來。

北京市知識界知名人士，今天也紛紛在報上發表意見，讚揚學生的愛國精神，讚揚趙紫陽的講話。提出：只有推心置腹，才能團結一心。希望黨和國家領導人儘快和人民群眾通過平等對話，相互表達意見，共同探討問題。

昨天的中國青年報上，以「黨心・民心・青年之心」為題，刊載了四位知名人士的談話，現抄錄下來。

　　胡績偉（全國人大常委委員，原《人民日報》總編輯）：紫陽同志的講話對學生遊行作了正確評價，反映了黨在處理這個問題上的正確態度，是令人高興的。

　　耀邦同志逝世後，那麼多青年學生遊行和集會，悼念耀邦，呼喚民主，是為了推進改革，特別是推進政治體制改革。這是一個無法否認的客觀事實，作為黨和政府，無視它不行，而應該正視它，並採納學生們的合理要求和建議，積極推進政治改革。

　　聽說青年學生在遊行中提出的比較集中的口號之一是「新聞自由」，這很值得我們新聞工作者深思。新聞自由只會有利於社會的穩定，而新聞封鎖和不真實的新聞報導則會把新聞界的聲譽敗壞到可悲的程度，激起廣大人民的反感。恰恰不利於社會穩定。這已被歷史事實所證明。

　　嚴家其（中國社會科學院政治學研究所研究員）：我讚揚趙紫陽的講話。作為一個領導人，能認識到青年學生的要求是與黨的根本利益相一致，並能從學生和廣大人民群眾的呼聲中吸取力量，推進改革，這是我們黨及其領導人理智、成熟、有信心的表現。當然，下一步的選擇仍很嚴峻，即黨和政府如何拿出具體措施來推進民主、清除腐敗。趙紫陽提出要完善法制、加強民主監督和提高政治透明度，我認為這是抓住了問題的實質，只要我們黨和人民站在一起，積極推進政治、經濟改革，我們的國家就大有希望。廣大知識份子和青年學生也都相信：民主是逐步成長的。

　　儘管學生復課了，但是中國改革中的一些深層問題仍然沒有解決，特別是經濟改革的方向還不明確，如果政治改革不跟上去，今年學生提出的問題今後還會重新提出來。

　　鍾沛璋（原中共中央宣傳部新聞局局長）：聽了紫陽同志的講話，我感到很高興。這說明黨中央是能夠理解青年的心的。黨心和民心以及青年人的心是能夠象過去一樣聯繫在一起的。「天下興亡，匹夫有責。」七十年前，我國青年在民族危亡的關頭，以大無畏的精神掀起了開創歷史的五四運動；七十年後，在振興中華的關鍵時刻，我國青年又表現出高漲的愛國熱情，再一次表明中國青年是大有希望的。而我們黨對青年的理解，對青年愛國熱情的肯定，也再一次表明我們黨是大有希望的。五四運動的結果是誕生了中國共產黨，我國青年跟著黨的正確領導走，創立了我們人民革命的歷史。今天也是這樣，只有黨和青年的心連心，傾聽青年的要求，理解青年的願望，我們國家才能大有希望，一切困難才能夠克服，改革才能夠取得成功。

　　曹思源（四通社會發展研究所所長）：聽了紫陽同志的講話，我有三點想法：一、我認為我們黨在正確處理學生遊行問題上有了很大的進步。按我的理解，紫陽同志講的冷靜、理智、克制、秩序不僅是對青年學生的要求，也是對黨和政府在處理學生運動問題時的態度和措施的要求。二、我們應該經常調查民情和民心。一九七六年「四五」運動時，有一種說法：「翻案不得人心」。但並沒有調查過「人心」，實際上在當時，「翻案」是很得人心的。三、紫陽同志提出，應該在民主和法制的軌道上解決學生提出的合理要求，這十分正確。而民主與法制建設的安全通道就是人代會民主。這次學潮驟起的原因很複雜，如官倒問題、腐敗問題等，但更重要的原因是紫陽同志所說的缺乏民主監督、法制不健全和公開化

不夠。人民群眾對種種不良的社會現象不滿，總要有一個渲瀉渠道。如果我們的民主法制建設比較主動，充分發揮人代會的作用，人民群眾的不滿和要求就會通過政黨的民主制度得到渲瀉和滿足，而不再採取街頭宣洩的方式。

24　遐想引向那久遠的昨天

1989年5月8日（星期一）

　　「最近青年學生提出的要求中，許多是黨和政府要努力解決的問題，我們將在民主和法制的軌道上解決這次問題，同時通過解決這些問題把我國的民主和法制建設推進一步。」這是中共中央總書記趙紫陽會見由主席埃‧伊諾努率領的土耳其社會民主人民黨代表團時說的話。他在向客人們介紹當前國內形勢又說道：「最近在北京城市發生一些學生上街遊行和罷課的情況，由於黨和政府一直採取非常克制和容忍的態度，也由於大多數學生日益表現出理智，注意秩序和紀律，因而避免了事態的激化。現在大部分學生已經復課。」

　　今天下午，中央有關部門官員答覆四名遞交關於對話的《請願書》的學生時說：「黨中央、國務院領導同志將廣泛地同工人、農民、知識份子、學生、教師、黨外人士接觸並進行對話。」又說道：「為了更好地與同學們對話，將繼續請各學校、北京市學聯收集同學們要求對話的問題和如何搞好對話的意見。」全國人大常委信訪局的官員也表示：「人大常委會領導同志歡迎同學生以及有關人士廣泛對話。」

　　這兩天來，天安門廣場很平靜，沒有發生什麼事。看來，學潮趨於平息了。是啊，天安門廣場是真的平靜了呢，還是像冬天冰封的河流，表面平靜，而底下暗流滔滔呢？

　　北京大學內，由雕樑畫棟的古典式建築和未名湖畔婀娜多姿的楊柳相依襯，顯得那麼清新、淡雅、恬靜；亭臺樓閣雜以奇石名碑。在化學南樓的東南方向，佈滿松枝綠葉的小丘下，有兩座紀念碑蕭然矗立，傲視蒼穹，有一種反抗強暴的威嚴和正氣。

　　一座是一九二九年五月，原北京大學師生在沙灘紅樓舊址的三一八烈士紀念碑。碑文是：

其一

張烈士仲超，陝西三原人。無兄弟，母早逝，畢業日本士官學校歸國後，從事革命。烈士習於庭訓，年十五入省立第三中學。十三年夏畢高中業，入北京大學。翌年春，費絀休學，任澄城中學教員，組織青年社，以灌輸青年革命思想為己任，是年秋復學。十五年三月十八日烈士亦往執政政府請願，同遇害。時年二十三歲。

其二

李烈士家珍，湖南醴陵人。世業農，尚樸實。兄弟三人，烈士其季也。民國九年夏，入省立中學試，軼冠曹，尤隊球，當代表參與全國運動會。十三年夏，入北京大學潛修，不少外鶩，惟頗關懷國事。十五年三月十八日；烈士亦往執政

政府請願，右眼中彈，當晚五時，逝於內城官醫院。時年二十一歲。

其三

黃烈士克仁，湖南長沙人。民國十三年夏，畢長沙中學業，入北京大學。家貧甚，學費仰給親友，以是攻研頗力。十五年三月十八日，八國通牒事起，民眾集議於天安門，烈士欲約同學某偕往，見某尚高臥，憤然獨行，隨眾至執政府請願。執政府段祺瑞國務總理賈德耀令衛士槍擊，烈士遂遇害。時年十九歲。

另一座是北大師生在一九二九年五月在北大三院修建的，碑文是：

魏士毅女士，直隸天津縣人。燕京大學本科二年級學生，叩學勵志，性不容惡，當憤然以改革習俗為己任。民國十五年三月十八日，北京各學校學生為八國通牒事，參加國民大會，至國務院請願。女士與焉，遂罹於難。時年二十有三歲。

現在這兩座紀念碑，並排佇立在一起。面對著這兩座紀念碑，又把我的遐想引向那久遠的昨天……

一九二六年三月十八日，北大、清華、燕大和北京總工會二百多個社團，五千多人在天安門前集會，抗議在「大沽口事件」中，八個帝國主義國家的強盜行徑。會後，遊行請願，要求拒絕八國通

牒。當遊行隊伍到達執政府門前時，段祺瑞竟下令衛隊開槍，並用馬刀、刺刀向遊行群眾進行砍殺。據事後統計，在這一慘案中，犧牲的有四十七人，受傷達二百餘人。清華大學韋傑三、女師大的劉和珍、楊德群，燕京大學的魏士毅等都是在這一次鬥爭中犧牲的。為民紀念在「三一八『慘案中犧牲的烈士，北京學生聯合會決定：北京各校學生纏黑紗一周誌哀，並在三月二十三日在北大集會舉行隆重的追悼會。魯迅先生寫了著名文章：〈紀念劉和珍君〉。

25　初生牛犢不怕虎

1989年5月9日（星期二）

今天的情況發生了變化，剛剛平靜了幾天的天安門廣場，又開始躁動了。

下午一時三十五分，有大約二百名學生打著「北京師範大學」的校旗，從西長安街沿廣場西側路到了人民大會堂東門外廣場，進行了遊行示威。過了十五分鐘，又有三百多名大學生騎著自行車來到廣場西側路停下。他們舉著「新聞要自由」「聲援記者」等標語，廣場上約有二千多人都圍聚在廣場西側路上，支持聲援同學的遊行示威，致使交通中斷。

下午二時，二百多名首都新聞工作者向全國記者協會書記處遞交了一份要求中央有關領導同志與新聞界對話的聯合信件。

全國記者協會新聞發佈廳裏，十幾架相機伴隨著照相機閃光燈不停地發出「哢哢」的響聲。記者代表首先宣佈，截止上午兩點，已有三十多家新聞單位的一千零一十三名記者在這個聯名信上簽了名，隨後他宣讀了這份聯名信。

聯名信要求根據趙紫陽同志五月四日「現在需要廣泛地進行協商對話」，「在民主與法制的軌道上，在理智和秩序的氣氛中，交

換意見，增進理解、共同探討解決大家共同關心的問題」的精神，有必要通過政黨途徑，就中國新聞界近日內發生的事情，與黨中央主管宣傳工作的負責同志進行對話。記者們提出對話的主要問題有：關於上海《世界經濟導報》被整頓，該報總編輯欽本立同志被停職問題；關於如何改善黨對新聞工作的領導問題，關於如何對當前中國新聞體制改革的問題。

記協書記處書記接過聯名信後表示，一定按照新聞界朋友的要求，將聯名信轉交中央有關負責同志，一有結果，馬上轉告。記協書記處書記唐非說，全國記協作為記者之家，有責任維護廣大新聞工作者的合法權益，為中國新聞的民主化和新聞改革盡我們的努力，為新聞界朋友服務。記協將廣泛聽取各方面的意見、要求，溝通新聞界與黨、政府和社會各界的聯繫，為推動新聞改革作出努力，推動整個新聞事業的發展。這兩位記協領導同志表示全力以赴協助這次對話獲得成功。

記者代表當場展示了簽名的名單。簽名者來自人民日報、世界經濟導報、光明日報、經濟學週報、經濟日報、亞太經濟時報、科技日報、新觀察雜誌社、中國青年報、中國婦女報、工人日報、中國青年雜誌社、中國婦女雜誌社、文藝報、農民日報、中央電視臺、中國日報、中央人民廣播電臺、新聞出版報、法制日報、新華通訊社、北京日報、中國社會科學院新聞研究所、北京晚報、中國人才報、中國儀器報、中國電子報、中國地質報、經濟參考、中國機電報、中國新聞電影製片廠、民族畫報。他們表示只代表個人，不代表所在單位。

　　在記者遞交請願聯名信時，有北京大學、北京師範大學等近千名學生，打著「要新聞自由，解除報禁」的橫幅，喊著「新聞要講真話」、「要求對話」等口號，從西長安街沿人民大會堂西側路去西交民巷「中華全國新聞記者協會」門口靜坐，聲援遞交請願書的新聞記者。學生們高呼：「為民說話、事關重大」。「團結起來，振興中華」等口號。

　　下午二時五十分，北京師範大學、北京大學、上海交通大學、中央美術學院共計一千多名大學生，在天安門廣場人民英雄紀念碑旗杆北側四十公尺處，集會演講，他們說：要新聞自由，新聞要真實。上海《世界經濟導報》總編輯無錯，為其鳴冤……。過後，學生們舉行了遊行，到北京日報、人民日報門口示威，高呼口號，表示對新聞工作者請願的聲援。

　　看到這一群朝氣蓬勃、「初生牛犢不怕虎」遊行請願的青年新聞工作者時，使人感到無比的興奮和喜悅。他們比上一輩成長得快，接受和反映新思想、新事物的能力強，在政治上、業務上都勇於突破。這是中國新聞事業的希望所在。我們這些過來人，都有一段今天想起來連自己都感到吃驚的青年經歷──青春烈火般的無所謂懼的革命熱情，可是，卻遭到來自「黨啊！我的母親。」的冷酷、無情地打擊和迫害。這不得不叫人心寒意冷，重新對社會的事物、對人的生活價值和對國家、人民、世界命運的理解和思索。林昭曾說過：

　　「對人民和事業的感情和信念，往往是從接受真理和在基層從事活動時開始產生的，真理使人懂得和掌握社會和人生發展的法則。真理一旦同實踐結合，便給人以原則的堅定性，觀念的不斷更新和觀察事物的敏感。記者工作，使一個人對於人民的命運、喜怒哀樂的感情、緊迫的社會需要和輿論、呼聲有了觀察、接觸和聯結的機會。一個有根基的記者，應當掌握到基層與人民同呼吸、共命運的機會。從這裏出發，找到思想源泉，語言和知識寶庫，找到表現形式藝術和美學的鑒賞標準，以及對是非愛恨分明的立場。」

26 冷靜地審視著一切……

1989年5月10日（星期三）

今天氣溫升高，火灼灼的太陽曬得人發燒，人們的心情也極為煩躁和不安。在天安門廣場上，遊行示威的浪潮更高了。

下午一時許，上萬名大學生上街遊行，許多人騎自行車，眾多的是步行。他們來到天安門廣場聚會，高呼「新聞要說真話」，「聲援記者」，「要求對話」等口號。在這支遊行隊伍裏還有一些作家，蘇曉康等及北京大學的作家班三十多人。從打的旗子看出，還有作家出版社和《文藝報社》的一些記者、編輯。他們要求中共中央主管宣傳工作的負責人，就中國新聞界近日內發生的事情進行對話。內容涉及到如何真正建立起報社總編負責制；這次學潮中的新聞報導以及對《世界經濟導報》的處理問題。

面對著當前的形勢，使人感到莫大的感傷和迷惘。敢於表達意見、敢於行動的大學生們，你們這樣的連續不停地遊行、示威和請願，有誰來理睬你們呢？因為統治階級總是統治者，為了維護他們的統治，他們根本不希望你們有道德勇氣和爭取民主、自由的正義感。無數的事例都說明了，就是共產黨也不能例外，林昭的悲慘遭遇難道還不夠深刻嗎？

　　一九五八年的春天，北京天氣晦暗，寒風逼人。風風雨雨中的未名湖濺起點點水花，寶塔模糊的影子在湖中不停地搖晃、顫動。燕園行人不多，間有過者，個個臉色嚴峻，行色匆匆。鋪天蓋地的大字報被雨水沖刷得七零八落。附近教室不時傳來鬥爭「右派」的怒吼聲。北京大學，作為「右派」倡狂進攻的「最大據點」，「右派」數量之多，「質量」之高，在全國高等學校中首屈一指，因而率先受到最嚴厲的懲罰：一九五七年七、八兩個月就揪出第一批學生「右派分子」二百多名；十月、十一月又掃蕩出一大批。一九五八年的春天，又進行聲勢浩大的第三次殲滅戰——要把一切暗藏的「右派」統統挖出來。因為這批人數最多，「隱藏最深」，也「最狡猾」，所以鬥爭更為殘酷。有的「右派」被逼得跳了樓，有的服毒自殺。

　　林昭的同學劉發清，在第二批揪「右派」時，團支部書記正式宣佈他為「中右」，在第三次橫掃「右派」戰鬥中被「深挖」出來了。因為他對胡風是不是反革命有懷疑的言論、有行動，在一張題為《胡風不是反革命》的大字報上簽了名。所以被「提升」為反黨、反社會主義、反人民的「右派分子」。

　　劉發清當了「右派」以後，彷彿掉入地獄的無底深淵裏，沉浸在憂愁與懺悔之中，受到最大限度的孤立。當時，他正在談戀愛，女朋友雖然表示願意等待他「摘帽」以後，但他預感到自己永遠難忘的初戀恐怕不會有好結果……因此，他傷心、惆悵、悔恨甚至嚎啕大哭，咬過自己的手指，揪過自己的頭髮，陷入無窮痛苦而不能自拔。

　　林昭知道了這件事。一天下午五時左右，林昭在校門口碰到了劉發清，笑吟吟地低聲問道：「右派分子劉發清到哪裡去呀？」

　　「別開玩笑了，我當然是回校去。」劉發清愁眉苦臉地回答。

　　「嘿」林昭突然提高聲調：「回去做什麼？走，去吃晚飯！」

　　「不，……我近來幾乎吃不下飯。何況現在時間還早，飯廳沒有開門呢。」劉發清望見她明亮的眼睛含著幾分譏諷的表情，茫然和尷尬地回答。

　　「走，我們到外面吃頓飯去，我請客。」林昭的聲音不大，但很清楚。

　　「我不餓，不想吃。」

　　「哼！飯要吃，而且要吃飽。你不餓？也罷，那你也得陪我去。」林昭好像有一股無法抗拒的力量。劉發清環顧四周，沒有發現「狼一樣的眼睛」，便轉身跟著她走去。

　　飯館顧客不多。林昭找了個角落坐下，劉發清沒精打睬坐在她對面，當他再次表示沒有胃口時，她向服務員要了一碗肉絲麵，舉起筷子咯咯地笑道：「你不吃，我可要吃。」林昭一邊吃，一邊告訴他：她當「右派」之初，不吃、也不睡；人們說她在流淚，其實她心裏在流血；她甚至曾經自殺過，可是現在她想通了：「這不單是她個人的命運問題，北京大學劃了幾百個右派，全國就更不要說了。」她停下筷子，清瘦蒼白的臉上沒有一絲笑容，「反右鬥爭在全國進行，它的性質、它的意義、它的後果，它對我們國家、對歷史有什麼影響？對我們自己有什麼教訓？我現在還搞不清楚，但我要認真思考，找尋答案……」

劉發清是不容易服輸的人。從前他雖然欽佩林昭的才氣，可是他在內心裏沒有怎麼服她，況且她的年紀跟他差不多。可現在她卻像一面鏡子照亮了他。他覺得林昭好像變得高大起來，像個哲學家一樣冷靜地睜著眼睛審視著一切……。

27 寫下了光輝的一頁

1989年5月11日（星期四）

　　從報紙和電臺的廣播得知，多層次的對話正在進行，有的已做了具體安排。也可能是這個原因，大學生們大都在校園內活動。上街遊行的人比較少，天安門廣場今天比較平靜。

　　據報紙報導，昨天下午，萬里委員長主持召集了全國人大常委會委員長會議，討論關於召開第七屆全國人大常委會第八次會議的問題。會議決定：第七屆全國人大常委會第八次會議於六月二十日左右在北京舉行，將聽取關於學生遊行示威和罷課問題的彙報；審議集會遊行示威法草案的議案；聽取關於新聞法起草情況彙報等。這都是當前廣大群眾最關心的熱點問題。人大常委會委員長會議建議把這些熱點問題通過法律程式，直接列為國家權力機構的議程。太好了，反映了人心民意。

　　人大常委會委員長會議及時討論群眾關心的熱點問題，如此迅速和及時地做出反應，說明黨心、民心是和廣大青年學生之心緊緊聯在一起的。這將是我國政治生活中的一個創舉，一件大事。在北京大學校園裏，同學們一致反映人大常委會第八次會議議程深得人心。同學們說：委員長會議把學生的要求正式確定為國家最高權

力機關常設機構的議程，符合我們的願望，我們非常擁護。它反映了黨和國家高層領導解決我們普遍關心的問題的誠意。過去同學們對人大常委會的活動不太注意，這次聽到廣播後十分驚喜。大家都說，這下子人大常委會真象個權力機關了，它在我們心目中的威信一下子提高了。

北京大學同學們對時局的關心，使人想起了北大的歷史和過去年代學生所走過的艱苦歷程……

北京大學是這樣一所大學：它的前身是京師大學堂，是中國第一所國立大學。它最初的辦學方針是：「中學為主，西學為輔；中學為體，西學為用」。學校雖然創建於清朝，但由於是戊戌維物的產物，多少反映了當時的資產階級要求民主、進步的思潮。就是這樣一所大學，在辛亥革命之後，成了新文化運動的搖籃。一九一九年的光輝的「五四」運動，就是從這所學校首先點燃愛國反帝鬥爭的火炬的。當時的青年學生為了反對賣國政府在巴黎和會簽字，提出了「外爭主權，內除國賊」，「還我青島」等戰鬥口號。由於這次運動是新文化運動的直接產物，「民主、科學」成了當時國民的普遍要求。特別是這次運動是爆發在俄國十月革命之後，先進的中國知識份子開始接受馬克思主義，以陳獨秀、李大釗等為代表的具有共產主義思想的知識份子，加入並指導了這場運動，就使「五四」運動具有區別於舊民主主義革命時期一切鬥爭的性質，並由此促成了一九二一年中國共產黨的成立。「五四」運動是一場由學生發起的，由工人、市民參加的、

全國性的反帝愛國運動，它在北京大學的歷史上寫下了極其光輝的
一頁。

　　記得林昭曾對我說過，她說從一九一九年到一九四九年三十
年間，北京大學生學生運動都是爆發在涉及祖國前途、民族命運的
關鍵時刻。五四運動是愛國學生為抵制帝國主義列強的分贓會議而
發起的；「三·一八」慘案是為反對帝國主義侵犯中國主權和反動
軍閥的賣國勾當發生的；「一二·九」運動是爆發在日本帝國主義
侵佔我國大片領土，進逼平津、國民黨政府實行不抵抗的時候，學
生們首先喊出了代表全民族的呼聲和願望的口號：「打倒日本帝國
主義！」；「一二·一」運動是爆發在蔣介石發動內戰大搞白色恐
怖的時刻，反內戰、爭民主成為愛國學生的行動口號。可以看出，
解放前的北京大學學生運動是一支不可忽視的愛國力量。他們為爭
取祖國的獨立、民主和自強，爭取新中國的誕生，走上街頭，和黑
暗勢力進行搏鬥，流血犧牲，在所不惜大批青年學生走向社會，艱
苦鬥爭環境中鍛煉成為黨的傑出領導者、優秀的部隊指揮員、以及
出色的藝術家、音樂家、作家，還有許多著名的理論家、學者、教
授，都是來自當年學生運動的參加者。

　　昨天的艱苦鬥爭，換來了今天的社會主義中國，這是先輩用
鮮血換來的果實。可是，好景不長，毛澤東的極權統治逐漸露出他
原來的猙獰面目，他要做中國當代的秦始皇，「順我者昌，逆我者
亡」，把中國變成封建主義加社會主義。他曾罵蘇聯是修正主義，
取其名曰：帝國社會主義。那我們中國，是一個不折不扣的「封建
社會主義」了。毛澤東死後，經過一場權利爭奪的混戰，「四人

幫」倒了，華國鋒逼退了，鄧小平上臺了，在他所謂的「建設具有中國特色的社會主義」的口號下，進行改革、開放、經濟改革等一系列變革，中國經濟得到了復生，人民生活相對地得到了改善，社會安定了。但也引進了資本主義，在整個社會經濟領域中，資本主義經濟無處不在。目前的中國，變成了一個封建主義、社會主義、資本主義大雜燴。特別是在政權統治內部，根本沒有什麼民主可言，是封建的極權統治。誰的官位大，誰就正確，一個人說了算。所有這些怎麼不令人擔憂和氣憤呢！歷史是有繼承性的，今天的青年學生走上街頭，喊出「打倒官倒！」「懲治腐敗！」正是發揚了北京大學學生運動的光榮傳統。要求民主，要求科學，要求建設一個繁榮、富強的新中國，創造出無愧於時代、無愧於歷史的新的業績，這正是北大的精魂所在。

28 我們要摸老虎的屁股

1989年5月12日（星期五）

　　上海最近出版的《性風俗》一書，引起了少數民族學生和人員的強烈不滿。據說，該書對伊斯蘭教有嚴重的污辱。在京的駐華信奉伊斯蘭教的外交人員、中國佛學院、語言學院及中央民族學院的部分學生，提出要上街遊行，抗議《性風俗》一書的出版發行。這個要求，破天荒地得到了北京市人民政府的批准，是學潮以來第一次，也是唯一的「合法遊行」。

　　下午二時四十分，有一批大學生約七八百人，沿地鐵路線向天安門廣場東側路遊行，爾後，又有七八百名大學生，打著「中央民族學院」、「北京大學」、「清華大學」、「北京師範大學」、「北京工業大學」、「北京林業大學」的校旗，打著「尊重民族風俗」、「反對封建、嚴懲《性風俗》編輯」等橫幅。

　　到了下午三時三十分，又有大批高校學生沿廣場西側路到達大會堂南門宣讀請願書，並將請願書一份遞交人民大會堂工作人員。他們打著「決不允許踐踏古蘭經」、「誓死捍衛民族尊嚴」、「尊重民權，還我尊嚴」等橫幅，並高呼各種口號。

今天上午，國務院發言人袁木在中外記者招待會上，在回答記者關於蘇共中央總書記戈巴契夫下周來訪期間，北京高校學生是否舉行遊行示威以及政府的具體反應時說：「希望不再發生學生遊行示威。即使出現這類事件，政府也將繼續採取與前一時期相一致的正確態度與措施，予以妥善解決。」有記者問：「您上次同學生對話時曾說，反對資產階級自由化『不徹底』，這是否意味著誰對這種不徹底承擔責任？是否意味著準備再開展一次反對資產階級自由化運動？」袁木回答說：「中國不會再搞反對資產階級自由化運動。」他又說：「我在上次的對話中並沒有說過反對資產階級自由化『不徹底』的意思，只是說過反對資產階級自由化一度出現過『不堅決』的現象，『不徹底』和『不堅決』是兩個概念。在我的談話中，沒有任何一點要搞反對資產階級自由化運動的意思。」

近幾天來，北京仍有一些高等院校的學生沒有復課，並繼續罷課和遊行。昨天，中國最高領導人鄧小平在會見伊朗總統哈梅內伊時說：「中國要力爭有個穩定的國際環境和國內環境，把自己發展起來。」是的，中國需要穩定，這是國家和民族的前途所系，也是全國各族人民、包括廣大青年學生利益之所在。怎樣才能穩定呢？冷靜、理智、克制、秩序，確是當前最需要的，也是唯一正確的態度。儘管現在政府與學生之間的對話已經開始，並口口聲聲說還將在多層次、多渠道上廣泛繼續進行。可是，就是不和學生們自己選出來的組織代表對話，這樣發展下去，可能會引起事態的進一步發展和激化。

　　以北京大學學生王丹、封從德、楊濤、熊焱、郭海峰等人參加組織的「民主沙龍」今天舉行了第十七次活動。在「民主沙龍」的座談會上，有人提出：「要實現民主，關鍵問題在於改變中國的環境。」「中國的領導人不講人權。」「今天報紙的審查制度超過了國民黨統治的時候。」「要辦自己的報紙、雜誌，傳播民主思想。」「馬克思主義是一種反現代化的理論。」等等。被特約邀請來參加「民主沙龍」的學者包遵信，慷慨陳詞地說道：「四月二十七日這個日子，在中華人民共和國的歷史上將大書特書，它的規模和深遠影響都超過了五四。」「我一聽到學生上天安門遊行，當時就特別興奮起來，為大學生們無畏精神所感動。」包遵信明確提出：「四月二十六日人民日報社論應該推翻。『四‧二七』行動的意義在於標誌長期以來封建家長制的專制統治在中國應該結束了。」王丹也說：「我們要摸摸老虎屁股了。」下午，王丹等三人在北京大學貼出「絕食聲明」，要求國家領導人平等對話，爭取民主。表示：「甘願作一粒沙子，為後人鋪就一條自由之路。」

　　晚上，十九時許，上海至北京一〇二次列車到站後，有三十多名上海來的大學生，打著「來京請願」的橫幅，雄糾糾氣昂昂地走出了車站。

北大魂
——林昭與「六‧四」

29 一個怪影在北大遊蕩

1989年5月13日（星期六）

時局驟然逆轉，已經回落的學潮又轉向激昂。北京市許多高等院校的校園裏，新的大小字報不斷增加，鋪天蓋地的貼滿了牆頭，提出的要求，總的說來，可歸納為四點：

一是徹底否定《人民日報》四月二十六日社論；否定極少數人在學潮的掩蓋下製造動亂的實質，承認這次學潮是一場偉大的愛國民主運動。

二是承認在學潮中學生們自發成立的學生自治組織，政府應該同學生自己選出來的代表對話。

三是給《世界經濟導報》的總編輯欽本立同志平反。

四是取消北京市人大常委會制定的關於遊行示威的十條規定。

下午二時，首都二十多所高等院校的二百多名學生，在數千名的同學護衛下，來到了天安門廣場，舉行靜坐絕食請願。

到了三時許，又有大批學生進入天安門廣場。廣場是人群和旗幟的海洋。人民英雄紀念碑前的旗杆上，升起了「絕食」橫幅和幾所大學的校旗。這樣大規模的絕食活動引起了全社會人們的關注，

北京市的人民群眾都表示極大的同情和支持。

四時十分，絕食的學生在天安門廣場宣讀了《絕食宣言》，抗議政府對學生罷課採取的冷淡態度。宣言中寫道：

> 各位同胞，在繼前幾天聲勢浩大的遊行示威之後，今天，我們又在天安門廣場進行絕食鬥爭。絕食的原因是：
> 第一，抗議政府對北京罷課採取的麻木冷淡態度。
> 第二，抗議政府拖延與北京高校學生對話代表團的對話。
> 第三，抗議政府一直對這次學生民主愛國運動冠以「動亂」的帽子及一系列歪曲報導。
> 絕食要求：
> 一、要求政府迅速與北京高校學生對話代表團進行實質性的、具體的、平等的對話。
> 二、要求政府為這次學生運動正名，並給予公正評價，肯定這是一場愛國、民主的學生運動。
> 絕食時間：
> 五月十三日下午二時開始，不達目的誓不收兵。
> 絕食地點：
> 天安門廣場。
> 不是動亂，立即平反！立即對話，不許拖延！為民絕食，實屬無奈！各界民主力量，請支持我們！世界輿論，請聲援我們！
> 署名為：首都高校學生自願絕食者

　　傍晚，大批的市民像潮水一樣，向天安門廣場湧來，他們同情、支持絕食的學生。母親領著孩子，老頭攙著老太婆，連八十多歲的老太太和不能走路的殘廢姑娘也讓人用車推著，擠到絕食學生跟前，問寒問暖。

　　聽到當今同學們的《絕食宣言》，讓人很快聯想到《自由主義者的宣言》的往事……。

　　那是一九五七年大鳴大放的時候，北京大學有位五三○二○四一學號的同學寫了一份《自由主義者的宣言》貼在校園裏，引起了軒然大波。當然，寫這份宣言的北大學生嚴仲強遭到了無情、殘酷的批鬥，最後受到了不公正的制裁，墮入人生的厄運。

自由主義者的宣言

　　一個怪影在北大遊蕩著。不少人講必須清除三害，又說什麼幫助黨整風，似乎在共產黨中國三害還是非常普遍的。總的看中共的教條主義和馬克思主義都很多，但從國家的一些重大事件看，則是先教條主義抄襲蘇聯經驗，犯了重大錯誤，然後再動思想，結合中國實際情況，以達到「創造性的馬列主義」。這就是說共產黨中國產生三害的外部因素也很重要。將外部因素突出起來，考慮一下蘇聯的三害根源，還是比較本質的。為了正確地從理論上分析問題，「存在決定意識」這個論點的正確性就是值得懷疑的，因為意識本身也是存在。將社會物質生產方式和思想意識作為二元的互相作用的體系來觀察問題，更是符合實際情況的。所以不能簡

單的由蘇聯生產資料公有制得出人民生活中所應當有的一系列的美麗的結論。史達林專政時代實際上是奴隸社會和中世紀教會統治在否定之否定的意義上的復歸（人權的喪失，對思想異端的鎮壓……），所以一些嚴重的錯誤，有它的必然性。但要實現這種必然性，應當有一定的條件，我想舉出下面的幾點。

理論上的錯誤：

(1) 過低的估計了人民群眾在歷史上的作用，將社會主義建設成就過多的歸功於黨的領導，歸功於個別領導人物。在決定政策路線時，實際上是少數人專斷。因為人民根本不瞭解自己國家的真情（史達林的錯誤長期被掩飾，就是一個最好的證明），因而實際上無法參與國家的領導，這樣就使名義上是全民的工廠、土地，實際上只操縱在少數人的鐵腕之中，人民被看成群氓。

(2) 階級論上的錯誤。理論上最突出的是「階級鬥爭逐漸尖銳化」的這種社會主義論調，實際工作上，則是將階級論的統計規律，盲目的用於個別人，以致產生「唯成份論」的工作方法，助長了新的等級的形成。

(3) 法權論上的錯誤。過分強調法權是統治階級意志的表現，故意使民法等不健全。中國的胡風就是一個例子。如果法權標準明確的話，胡風是否是

反革命分子，早就應當審判清楚了。在我看，胡風是否是反革命，最重要的還是決定於各種力量的對比。

(4)　對目的和手段的錯誤理解。將民主純粹作為一種手段，其他如良心、人道、友誼，……大概也不免歸於手段。

實際工作上的錯誤，最突出的是培養長期的個人崇拜，愚蠢的史達林實際上是蘇聯建設社會主義的一塊絆腳石，但在過去確有那樣高的威信。難道蘇共沒有看出史達林的倒行逆施嗎？上帝對宗教徒是有最大的號召能力的，在新的宗教下，以「X」代替上帝吧，即使「X」是個木偶也好。但歷史會使這種作法遺臭萬年的。

蘇聯的很多錯誤都可以在中國找到它的縮影，我不對中國情況作更多分析。因為現在被揭發出來的只是一些皮毛，那些大叫矛盾尖銳化、人民內部矛盾要轉化為敵我矛盾的先生們，只不過過去閉著眼睛沒有看到矛盾早就存在著罷了。將中國現在的情況和十月起義前的匈牙利情況相比較，除去為了諷刺一下中共的領導外，我看不能說明更多的問題了吧！「鳴」「放」現在正被某些人引向一個庸俗的方向，即不談本質問題，將制度的缺陷和路線的錯誤歸於個別人的認識和工作方法，以在不降低黨的威信的條件下，緩和過去所積累的矛盾。（蘇聯由於過去錯誤嚴重現在不敢「鳴」「放」是可以理解的。）

現在主要任務應當是廣泛開展自由爭論，全面的揭發矛盾，使人們從盲從的睡境中甦醒過來，擁護一個最完善的社會主義制度和共產黨，是另一個問題。共產黨只應當有爭取領導的權利，一切權利應當歸於人民。

現在全國範圍內保守勢力正在組織反攻，有人已在有意識的收縮這次民主運動了，熱愛真理、民主、自由的人們，團結起來！最後倒下的將是保守黨勢力，而不是人民！

注：1、我所以自認為自由主義者，因為這個東西貼出前未經黨的批准，這種脫離黨的領導的行為，難道不是自由主義嗎？

2、我所提的中國，全部指共產黨中國。（用這個名詞，是為了突出黨的領導。）

學號XXXXX

六月九日

30 十二位學者的緊急呼籲

1989年5月14日（星期日）

　　昨天晚上，嚴家其、蘇紹智、包遵信等著名學者在北京大學校園裏貼出了《我們再也不能沉默了》的大字報，呼籲一切賦有良知的知識份子參加由他們發起的聲援學生絕食的大遊行。

　　今天是學生絕食的第二天，又有許多學校的學生參加了絕食活動，人數由原來的二百多人急劇增漲到一千多人。聲援、支持絕食的學生達數萬人。北京市的人民也行動起來了，參加聲援的人群中有教師、作家、機關幹部、工人和市民。

　　學生的愛國熱情和推進民主進程的合理要求得到了廣大人民群眾的同情和支持，同時，也引起了黨和政府的重視。

　　凌晨二點三十分，李錫銘、李鐵映、陳希同和團中央、北京市的其他領導來到天安門廣場勸說。人群一擁而上，有的鼓掌表示歡迎，有的叫喊「不許鼓掌！」「不許握手！」政府官員講話，常被打斷，不得悻悻地離開了廣場。隨後，廣場上的高音喇叭響了，又多次勸說學生停止絕食，立即返校。但學生們在「絕食罷課、請求對話」的橫幅下依然靜坐著。

上午，圍繞如何進行對話問題，政府和學生代表在反覆的有效的磋商著。時近中午，總算有個結果，在統戰部禮堂，李鐵映、閻明復等立即連續兩次與首都三十多所高校我學生推舉出的代表進行對話，在天安廣場絕食的同學也派了代表參加。對話主要是圍繞如何評價學運問題，雙方闡述了各自的觀點，尚未取得一致的意見。黨政官員對待學生的要求，希望中央對這次學潮作出正確評價這至關重要的問題上，是避而不答，含糊其辭地說：「廣大同學的愛國熱情和善良願望是好的，但事情的發展是不以人們意志為轉移的。」

下午，我隨著聲援的人流來到天安門廣場。一位參加絕食的同學遞給我一份他們寫的「絕食書」，上面寫道：

> 在這個陽光燦爛的五月裏，我們絕食了。在這最美好的青春時刻，我們卻不得不把一切生之美好絕然地留在身後了，但我們是多麼的不情願，多麼的不心甘啊！
>
> 然而，國家已經到了這樣的時刻：物價飛漲、官倒橫流、強權高懸、官僚腐敗；大批仁人志士流落海外，社會治安日趨混亂。在這民族存亡的生死關頭，同胞們，一切有良心的國胞們，請聽一聽我們的呼聲吧！
>
> 我們的愛國熱情，我們的赤子之心，卻被說成是「動亂」，說成是「別有用心」，說成是「受一小撮人的利用」。我們想請求所有正直的中國公民，請求工人、農民、士兵、市民、知識份子、社會名流、政府官員、員警和那些給我們炮

製罪名的人，把你們的手撫在你們的心上，問一問你們的良
心。我們有什麼罪？我們是動亂嗎？我們是為什麼？可是，
我們的感情卻一再被玩弄；我們忍著饑餓追求真理卻遭到軍
警毒打；學生代表跪求民主卻被視而不見；平等對話的要求
一再拖延……。

民主是人生最崇高的生存情感，自由是人與生俱來的天賦人
權。但這卻需要我們用年輕的生命去換取。絕食乃不得已而
為之，也不得而為之，死亡決不是我們的追求，如果一個人
的死或一些人的死，能夠使更多的人活得更好，能夠使祖國
民主自由、繁榮昌盛，我就沒有權力去偷生。我們要用生命
寫成的誓言，必將晴朗人民共和國的天空！

北京大學絕食團全體同學

一九八九年五月十三日

　　傍晚，二十點四十分，廣場的學生廣播播出一則消息：「十二
名學者、作家將到廣場來聲援我們！」頓時，一片歡呼、雀躍。過
了一會兒，播出了戴晴、于浩成、李洪林、嚴家其、蘇曉康、包遵
信、溫元凱、劉再復、蘇煒、李澤厚、麥天樞、李陀等十二位學
者、作家發出的《我們對今天形勢的緊急呼籲》書。

　　《緊急呼籲》希望絕食請願學生暫時撤離天安門廣場，呼籲書
中說道：「自昨晚得知大家來天安門廣場靜坐絕食的消息，我們都
非常理解，非常難過，非常擔憂。民主是逐步成長的，不能期望在
一天實現。為了中國改革的長遠利益，為了避免發生親痛仇快的事

情，為了使中蘇最高會晤能夠順利進行，我們懇請同學們發揚這次學潮中最可貴的理性精神，暫時撤離天安門。

《緊急呼籲》中，同時向政府提出三項要求：第一、中央負責人發表公開講話，肯定這次學潮是愛國的、民主的行動，絕不以任何形式對學生「秋後算帳」；第二、承認由大多數學生經過民主程序選舉產生的學生組織是合法的；第三、不能以任何藉口、任何名義、任何方法對靜坐絕食的學生採取暴力。

《緊急呼籲》中聲明：如果政府不滿足上述要求，他們將和學生一道絕食，堅定不移地奮鬥下去。

隨後，這十二名學者、作家來到天安門廣場，親自向靜坐絕食的學生宣讀了《緊急呼籲》書，有的還發表了演說。戴晴代表大家向同學們表示：「自四月十五日到今天，同學們冒著生命危險所取得的成果非常大，我覺得非常大，如果沒有你們從四月十日到今天的活動，我們決不會有今天的這種局面。對這次學生運動如何評價，要等中央全會和人大作結論，不能少數人來定性。一定要讓政府向同學們讓一步，承認這次學潮是愛國民主運動，要承認同學們自己的組織是合法的。如果政府不承認這兩條，我們將同絕食同學一起堅定不移的奮鬥下去。」《河殤》的作者蘇曉康也發表了演說，他先是高呼「理性精神萬歲！」接著他說道：「我們的政府，執政黨不習慣民主政治，正因為如此，大家要有耐心，要教育他們。」

十二名學者、作家的聲援使絕食的學生受到了極大的鼓舞，使廣場的溫度進一步升高了。

　　晚上十一點，「高自聯」的廣播不時播出使人們驚慌的消息。一會兒說「據可靠消息，明晨三時員警要清場，請同學們務必保持鎮靜別亂，原地不動，聽從指揮」。過了一會兒又說「軍隊的坦克已過豐台了，同學們做好準備，迎接戰鬥」。廣場上的圍觀者嚇得紛紛離去，只剩下幾萬名學生。「高自聯」常委和絕食代表團做出決定，要求學生們立刻返校，準備以校自為戰，團結全校同學一起流血。他們將這個決定廣播了許多遍，但走的學生不多。

　　夜越來越深了，寒氣襲擊著學生們緊揪的心。

　　林昭被捕入獄後，在監獄中也曾進行絕食鬥爭的事情⋯⋯。

　　林昭是在一九六〇年十月入獄的。一九六二年初她被「保外候審」。可是，「保外」卻給她更實踐自己意願的機會。儘管母親對她諄諄勸導，要她安心養病，她仍是滿不在乎。她甚至要家人觀賞她在獄中學到的「絕技」──戴著手銬梳頭、穿衣⋯⋯這時，她繼續為她的意願行動，準備真正搞起社活動。同年十二月，她終於再度被捕。

　　面對著龐大、森嚴的牢獄，林昭沒有後退一步，她是堅持用記日記、寫血書等種種形式，表達自己對真理的堅強信念，心甘情願地戴著「頑固不化」的枷鎖⋯⋯。

　　林昭在獄中，與其說她的思想因此更頑固，不如說她對祖國的熱愛更深摯了。她對祖國的深情，可以在她在獄中所定的《啊，大地》這首詩中看到她對祖國深摯的熱愛和希望：

　　啊，大地，祖國的大地

　　你的苦難，可有盡期？

在無聲的夜裏，

我聽見你沈鬱的歎息。

你為什麼這樣衰弱，

為什麼這樣缺乏生機？

為什麼你血流成河？

為什麼你常遭亂離？

難道說一個真實、美好的黎明

竟永遠不能在你上面升起？

「一個真實、美好的黎明」，不僅是林昭對祖國熱愛的表示，也是維護她絕望又充滿希望的精神支柱。這種矛盾，使她在一種奇特的超自由中生活著，她不斷地唱歌，不斷地寫詩，也不斷地絕食，甚至經常割開血管寫血書。她的斑斑血滴凝成了詩，詩又化為更多的血。她曾說：「血流到體外，比向內心深處流容易忍受。」她的一首血詩明白地昭示：

將這一滴血注入祖國的血液裏，

將這一滴血向摯愛的自由獻祭。

揩吧！擦吧！洗吧！

這是血呢！

殉難者的血跡，誰能抹得去？

又如另一首〈獻給檢察官的玫瑰花〉的詩，更就難分清是詩是血了：

向你們，我的檢察官閣下，

恭敬地獻上一朵玫瑰花。

這是最有禮貌的抗議，

無聲無息，溫和而又文雅。

人血不是水，

滔滔流成河。

　　為什麼？林昭要寫那麼多血書。她曾對妹妹說：「血流到體外，比向內心深處流容易忍受。」這大概就是她不斷割開血管寫詩的原因。也正因為如此，她的忍受力幾乎是人們難以想像和理解的，她能在一百八十天的反銬中自理生活，她能在不斷的生命威脅下，一如既往，從不低頭「認罪」。

3/ 空留遺恨泣同窗

1989年5月15日（星期一）

　　今天是學生在天安門廣場絕食請願的第三天了。

　　儘管昨天北京市公安局發出通告說為了保障蘇聯戈巴契夫主席一行來華訪問順利進行，規定五月十五日、十六日兩天在天安六廣場、人民大會堂周圍實行交通管制，禁止車輛和行人通行。但是，今天的天安門廣場仍舊是人山人海，人潮若流，人們根本沒有理睬公安局的通告。

　　今天的《光明日報》刊登了昨天晚上十二位學者、作家在天安門廣場宣讀的《緊急呼籲書》。

　　今天，首都知識界人士上萬人走上街頭遊行，聲援學生愛國民主運動，呼籲推動政治改革，促進民主化進程。

　　下午二時許，數萬人聚集在復興門立交橋上，在《首都知識界》牌子引導下，隊伍沿著西長安街向天安門廣場行進。「自由萬歲」、「人民萬歲」、「新聞自由」等口號此起彼伏，圍觀群眾的人數大大超過了遊行隊伍。

　　嚴家其、包遵信、柯雲路、王魯湘等走在遊行隊伍的前面，攜有「中國知識界」大字的橫語。隊伍中有中國科學院一些研究所、

中國社會科學院、北京大學、清華大學等六十多個單位的教授、講師研究人員，也有博士、碩士和職工，總共約有數萬人。他們舉起橫幅上書寫著：「聲援學生，促進改革」以及「公正評價」等等，他們行進中不斷高喊「學生愛國，我愛學生」等口號。

高校教師隊伍人數眾多。有些年過半百的教授走在隊伍的最前列，他們胸前胯著「聲援學生」、「民主自由」的標語。博士生打著「博士該搏了」的標語牌。中央美術學院、魯迅文學院、中國戲曲學院、中央工藝美術學院、中國音樂學院、北京舞蹈學院等院校的部分教師也參加了遊行，中央音樂學院的隊伍高唱「打倒官倒、打倒官倒，反腐敗！反腐敗！」等歌曲。中國社會科學院研究生院、日本研究所、亞非研究所，中國藝術研究院的部分研究人員也參加了遊行。

參加遊行的還有科技日報社、國際商報社、文藝報社、中國文化報社以及作家出版社、報告文學編輯部的部分編輯和記者。署名「人民日報部分記者」的牌子上寫著：「我們有良心」。

在天安門廣場，一些知名學者、作家、詩人發表了演說和朗誦了詩歌。

四時左右，遊行隊伍進入天安門廣場，到晚上七時左右，聲援隊伍陸陸續續散去。

一千多名在廣場上參加絕食的學生，由於饑餓和疲勞，已有四十多名學生昏倒。

由協和醫院一些醫護人員志願組成的「救護隊」也趕到了廣場，他們及時進行了搶救。將昏倒的學生分別送到北京醫院、協和

醫院、同仁醫院等處。有的學生拒絕治療，有的輸液之後又回到廣場繼續靜坐絕食。

「救死扶傷」是醫務人員的天職，是人性、人道主義精神的體現。救人之心，人皆有之。但在充滿罪惡的人世間，錦上添花的多，而雪中送炭的少，特別是患難之交，就難能可貴了。

記得在一九八六年的春天，我曾遇到林昭過去在北大的一位同學，他給我談起一件關於林昭的往事……。

一九六〇年春天，我在黃土高原一個小縣的一所中學農場勞動。這個所謂「農場」，就是全校師生用鐝頭鐵銑在貧脊荒原上開出的幾畝荒地。路邊蓋了一間不到三平方的低矮小土屋，房門用幾塊木板拼成。除了我和一個「作伴」的學生住在小屋內以外，「農場」一無所有。這是一個漫長而可怕的春天，河邊草叢剛剛露出淡淡的綠色，天空常常彌漫著灰暗的雲霧，寒風襲人，冷侵骨髓。附近農村裏不斷傳來餓死人的消息。我雖屬於「幹部」，但根據規定，該縣幹部每人每月口糧從二十七斤「節約」到二十五斤，接著「節約」到二十二斤、二十斤，每人每天平均食糧六點六六六……兩，好在這裏時興一天吃兩頓飯，每頓飯供應三點三三三……兩玉米麵。除鹽巴外，沒有菜，沒有油，沒有任何肉、副食品。縣城裏唯一一間熟食店早已歇業。街上冷冷清清，看不見任何食品出售。只有一所縣醫院門庭若市。我所在學校除了少數幾個脖頸壯如公牛的食堂管理員和領導人以外，老師和學生有的得了肝炎，有的水腫病，有的肚子痛……我在「農場」雖然無事可做，但頭暈眼花，每

日翹首兩次開飯時間，而每一次可以領到一塊手巴掌大小，約二寸厚的玉米麵「花糕」——這是當地手藝高超的大師傅發明的「增量法」所製造出來的傑作——和一碗也是玉米麵燒成的湯。幾乎用不著牙齒幫忙，兩種美味食品剛到手自動滾進我的腸胃裏去了。然而我總覺得「花糕」太少了，倘有一籮，我也可以一次把它吃個精光……一天，我突然覺得兩條腿沉重得灌了鉛似的，腳和小腿腫起來。我一步一步慢慢地挨到校醫室，剛從衛生學校畢業的年輕校醫，只把我從頭到腳掃了一眼，什麼話也不問，就在藥櫃裏找來找去，最後找到一盒中成藥——「銀翹丸」，把它塞到我手裏。「這是治感冒的呀？」我不勝驚訝地問。他搖搖頭，說：「『瓜菜代』嘛！但不許多吃，一天只准吃兩顆……」

我的水腫病越來越嚴重，整日昏昏沉沉，但校醫室連「銀翹丸」也沒有了。我知道自己病情嚴重甚至作好了思想準備：我不能偷，不能搶，也不能逃跑。因為我是……可憐我才二十七歲！最可憐的還是我千里迢迢之外的老母親，因為她在我八歲時失去了我父親，只有我一個獨生子……。

正當陷於絕望之時，我突然接到一封來信。那柔中帶剛的娟秀字體，一看便知是林昭的手跡（我到西北後一直和她保持通信）。我撕開信函，掏出、攤開信箋準備讀下去時，突然一個小紙包跌落地上。我俯身拾起，打開一看：——啊，全國通用糧票：五斤、十斤、十五斤……一共三十斤！我急著看信，信中說：知我處境十分困難，她的日子雖然也不好過，可是她飯量不大，吃得少，因而有點節餘，湊了這麼一些，略表寸心，幸勿見外……我把信反覆讀了

三四遍，用手帕擦了幾回濕潤的眼眶，心潮起伏久久難平：世界上最崇高的美德，莫過於「捨己為人」；世界上最完美的情操，莫過於「雪中送炭」。在這個困難時刻，有的親人為爭奪一點食物而反目為仇，有的夫妻為幾斤糧食而分手離異。而我和她只是一般同學而已，她送我的豈止是幾十斤糧票，而是世間愛人與人愛的無私的情操和偉大的美德。她不僅向我伸出救命之手，而且展示了她那水晶般透明高潔的靈魂。這區區三十斤糧票，在當時彷彿勝過三百斤、三千斤……難於計量的友情，使我感到渺小的身軀給以承受它的重量。我趕快回信，表示萬分感謝，信中還真誠敦促她「認真改造」，祝願她「早日回到人民懷抱……」不久，我接到她覆信，大意說此乃小事一椿，不足掛齒；至於足下所說「認真改造」云云，則「你我都是共坐在一條船上的『旅人』，船若靠岸，我亦可登……」

我對這三十餘斤糧票，備加珍惜，每天限定加買半斤糧票的「花糕」或「黃團長」（黃玉米麵饅饅），決不多加一兩。直到這年夏收以後，我的每月口糧供應恢復到二十七斤，還有了一點蘿蔔之類的蔬菜。奇怪，我沒有吃藥，水腫病卻不知不覺痊癒了。

可是同年十月以後，我與林昭的聯繫突然中斷了。我給她寫了一封又一封信，都彷彿石投大海。我多方猜測，四處打聽，但都一直未曾聽到有關林昭的半點消息。

一九七九年，我的「右派」問題得到改正，即將調回家鄉之前，去看望一個多年不見的老同學。我問她：林昭今在何方？她出人意外地滿懷悲憤告訴我：林昭在文化大革命中被「四人幫」槍殺了！

　　天哪！這簡直是晴天霹靂，我彷彿觸電一般，說不出半句話來，眼睛頓時掉下簌簌淚水。半天，我才吃力地想起魯迅先生的「忍看朋輩成新鬼」詩句……我要了紙和筆，透過朦朧有淚花，急急草就〈哭林昭〉詩一首：

> 此世難忘彌難糧，高情原藉翰華長。
>
> 減君瘦體盤中粒，飽我孤寒病餓腸。
>
> 飄零淪落更慘死，靈迅遲聞淚沾裳。
>
> 黃土塚中眠傲骨，驚水長啕怨浦江？
>
> 芳魂杳杳難入夢，春華幽幽一縷香。
>
> 船靠岸邊君不見，空留遺恨泣同窗……

32 痛心於政治清明之無望

1989年5月16日（星期二）

今天是首都大學生在天安門廣場絕食請願的第四天了，參加絕食的人數已達到三千一百二十二人。

昨天中午十二時，蘇聯最高蘇維埃主席團主席、蘇共中央總書記戈巴契夫和夫人賴莎乘專機抵達北京。楊尚昆在首都機場主持儀式歡迎戈巴契夫。歡迎儀式按原定計劃，應該是在人民大會堂東門外的天安門廣場舉行。由於廣場上有大批學生絕食請願，萬不得已、匆匆忙忙、臨時才改在首都機場舉行的。從中央電視臺實況轉播的鏡頭上，可以看到有些地方連地毯也沒有鋪夠，場面十分尷尬。

今天有少數教師也加入了絕食行列，一輛輛救護車呼嘯的警笛聲牽動著成千上萬的各界群眾的心。數十萬各界人士今天走上街頭，聲援學生，呼籲政府火速解決問題。

目前，已有六百多名學生暈倒，在現場或被送到醫院救護。在絕食區一個臨時拴起的救護棚，近十名學生躺在那裏接受輸液治療。在人民大會堂北側，十餘名學生躺在地上，身上覆蓋著白布。他們除絕食外，還拒絕喝水，情勢危急。一些高校的領導幹部和教

師來到廣場，對學生的愛國熱情予以充分肯定，同時又反覆勸說學生返回學校保重身體。在廣場上可以看到師生抱頭痛哭的感人場景。

繼昨日首都知識界數萬人遊行後，今天。教育界、新聞界、文化藝術界、科技界、醫務界、企業界等各界數十萬人繼續遊行，聲援學生。民革、民盟等民主黨派機關的部分幹部也加入這一行列。

晚上六時許，著名數學家陳景潤、王元在一片掌聲中走向了人民英雄紀念碑。來自新華社、人民日報、光明日報、中央人民廣播電臺、經濟日報、中國青年報、工人日報、法制日報、中國新聞社、中國婦女報、華聲報、全國記協等單位的部分編輯、記者和工作人員也來到廣場，聲援並慰問絕食請願的大學生。有些新聞工作者還自動捐款，為學生送去草帽和飲料。

各界遊行者緊急呼籲政府，立即採取措施，與學生代表開展對話，妥善解決這一迫在眉睫的問題，儘早結束絕食，全力避免更加不幸的局面。人民日報的遊行隊伍打著「旗幟鮮明地反對四‧二六社論」和「新華社北京五月十六日電：今日無新聞」的橫幅，獲得了群眾雷鳴般地掌聲。還有一位青年記者，嘴封著紙條，頭頂著沒有打開鏡頭的照相機，遊行隊伍還打著「聲援學生、救救學生」、「接受條件、平等對話」的橫幅，呼喊著：「不能坐視學生餓死」等口號。

中共中央書記處書記、中共中央統戰部部長閻明復，今天下午到天安門廣場耐心、誠懇地勸說絕食的學生返回學校。閻明復對

絕食的學生說，同學們是國家的未來，你們沒有權利傷害自己的身體。他希望大家停止絕食，儘快返回學校。

為了更好地聲援學生的愛國民主運動，今天首都知識界聯合成立了「首都知識界聯合會》，一些知識份子聯名簽署了一項表明他們對當前學生運動態度的《五・一六聲明》。

《聲明》說：六十年代的《五・一六通知》是一個專制與黑暗的象徵。二十二年後的今天，我們強烈地感受到民主與光明的召喚。當前，一場以青年學生為先導的愛國民主運動正在全國崛起。數十萬青年學生走上街頭，抗議腐敗，呼喚民主與法制，表達了工人、農民、軍人、幹部、知識份子及一切勞動階層的共同意志。這是一次繼承和超越「五四」精神的民族大覺醒。

《聲明》說，自中共十一屆三中全會開始，中國走上了一條民族復興的現代化道路，遺憾的是由於政治體制改革不力，初見成效的經濟改革也嚴重受挫，腐敗現象日趨嚴重，社會矛盾急劇激化，全國人民寄予厚望的改革事業面臨著重大危機。中國正處於一個嚴重的關頭。在這個決定人民、國家和執政黨命運的時刻，參加本聲明簽名的海內外中國知識份子，特此於今天——一九八九年五月十六日——鄭重簽署如下聲明，公開表示自己的原則立場。

他們認為，面對當前的學生運動，黨和政府是不夠明智的。特別是在不久前，還存在著試圖以高壓和暴力來處理這場學生運動的跡象。最近以來，黨和政府開始表現出值得歡迎的理智，局勢因而有所緩和。如果運用現代民主政治的規則，尊從民意，順乎潮流，將出現一個民主的穩定的中國。

　　他們認為，以民主政治的形式處理目前的政治危機，其不可回避的前提，就是必須承認在民主程序下產生的學生自治組織的合法性。

　　《聲明》說，導致這場政治危機的直接原因，恰恰是青年學生在這場愛國民主運動中強烈反對的腐敗現象。十年改革的最大失誤，在於忽視了政治體制改革。黨和政府應該汲取深刻教訓，切實按照人民的要求，果斷推進政治體制改革，廢止特權，查禁「官倒」，消除腐敗。

　　《聲明》強調指出，新聞自由是清除腐敗、所作所為國家安定，促進社會發展的有效手段。不受監督制約的絕對權力必然導致絕對的腐敗。

　　《聲明》認為，把這次學生運動定性為反黨反社會主義的政治動亂是錯誤的。承認並保護公民發表不同政治見解的權利，是言論自由的基本函義。只有一種聲音的社會不是穩定的社會。黨和政府有必要重溫「反胡風」、「反右」、「文化大革命」的深刻教訓。廣開言路，與青年學生、知識份子和全體人民共商國事，才有可能形成一個真正安定團結的政治局面。

　　《聲明》說，所謂抓「一小撮」、「長鬍子」的幕後指使者的提法是錯誤的。中華人民共和國的所有公民，不論年齡大小，都應有同等的政治權利。自由、民主、法制從來不是被賜予的。一切追求真理、熱愛自由的人們，都應當為實現憲法所賦予我們每一個公民的思想自由、言論自由、新聞自由、出版自由、結社自由、集會自由、遊行示威自由而不懈努力。《聲明》最後呼籲：我們已經來

到一個歷史關頭。我們多災多難的民族已經再無機會可以喪失,再無後路可退卻。富於愛國傳統和憂患意識的中國知識份子,應當意識到自己不可推卸的歷史使命,挺身而出,推進民主進程,為建設一個政治民主、經濟發達的現代國家而奮鬥!

看了《五‧一六聲明》,首都和知識界對學生愛國民主運動的聲援和支持,使人想起北京大學的元老蔡元培校長的事蹟……。

一九一七年一月,蔡元培回國就任北京大學校長,使北京大學的歷史掀開了嶄新的一頁。北京大學原來是一所「老爺」大學。清末開辦時的學生都是京官,人稱老爺。他們入學的目的是為了鍍金,以便加官晉爵。辛亥革命後,學生雖然不是京官了,但入學做官的遺風不替。所以學校腐敗,學風不振。有人勸蔡元培不要就職,否則有損清名。然而,他還是滿懷對教育事業的熱愛之情,下定對北京大學作一番整頓的決心,跨入了北大的校門。

蔡元培在北大進行大刀闊斧的改革和整頓,貫徹「思想自由」、「相容並包」的主張。不論何種學派,只要言之成理,持之有故,他都允許在北大講壇上有一席之地,讓它們自由發展。所以當封建思想仍然籠罩著中國,當孔孟之道不主宰著思想界的時候,他敢於把號稱新文化運動健將的陳獨秀、李大釗、胡適等人請進北大。蔡元培的大膽革新,不僅對北京大學,而且對中國近代教育,中國近代歷史都具有重要意義。可以說,沒有蔡元培主持下的北大,就很難出現洶湧澎湃的新文化運動!

在蔡元培的提倡和支持下,北京大學的各種學術社團、社會團體和雜誌社如雨後春筍般生長起來。如新聞研究會、書法研究會、

哲學研究會、音樂研究會、書法研究社、數理學會、技擊會、體育會、新潮雜誌社、國民雜誌社、平民教育講演團、消費公社、學生銀行、平民學校不勝枚舉。蔡元培或出席講演、或撥給經費、或為文作序。這些新生事物的興起，使沉悶、頹廢的局面為之一掃，一個生機勃勃的新北大出現了。

一九一八年十一月，第一次世界大戰以協約國戰勝德國而告終的消息傳來，北京全城鼎沸，萬人空巷。蔡元培偕北京大學師生在天安門前舉行慶祝勝利的講演活動，他興致勃勃地先後兩次登臺，作了題為《黑暗與光明的消長》和《勞工神聖》的講演。蔡元培宣告：「此後的世界，全是勞工的世界。」這些話語是那個時代的最強音。

巴黎和會期間，中國人民再度掀起愛國熱潮，強烈要求收回山東主權，廢除一切不平等條約。蔡元培等人組織國際聯盟同志會和國民外交協會，開展愛國宣傳，為維護祖國獨立、領土完整而鬥爭。國際聯盟同志會在北大成立時，有一千多名師生踴躍參加。但是，帝國主義卻蠻橫地拒絕我國人民的正當要求，軍閥政府又站在賣國的立場上，密電中國代表在喪權辱國的《凡爾賽條約》上簽字。一九一九年五月二日，蔡元培把這個消息告訴北大學生代表，於是北大學生聯合其他學校愛國學生，決定於五月四日在天安門舉行愛國大示威。「五四」運動爆發了！五四運動中，蔡元培拒不執行召回遊行學生的命令，積極組織營救被捕的愛國學生。被捕學生返校時，他帶領全校師生舉行熱烈的歡迎儀式，並眼含熱淚、臉帶微笑，發表了充滿感情的講話。

　　在軍閥政府的統治下，社會黑暗、國事日非，蔡元培多次保護受迫害的學生，他「目擊時難，痛心於政治清明之無望，不忍為同流合污之苟安」，在一九二三年一月憤然去職，再次赴歐研究學術。

　　今天，在北京大學秀美的未名湖畔，矗立著他的一尊半身銅像。多少朝霞輝映的清晨，多少星光璀璨的夜晚，青年學生們徘徊銅像之旁，緬懷過去，瞻望未來。

33 熱血喚不醒冷漠

1989年5月17日（星期三）

今天是學生絕食請願的第五天了。

學生的安危，國家的前途，牽動著每一個有良知的中國人的心。今天是個驚心動魄的日子，儘管北京的最高氣溫達到攝氏三十度，但是首都各界聲援學生的活動卻達到高潮。東西長安街、南二環路上，前往天安門廣場聲援學生的隊伍首尾相連，總人數已超過一百多萬。強烈要求政府立刻對話，救人救國。提出：「學生愛國我愛學生，民主潮流勢不可擋」。呼喚黨和政府迅速採取行動，與學生開展真誠對話。

在天安門廣場，救護車進進出出，尖厲的呼叫不絕於耳，聲聲揪心。廣場白天熱，氣溫高，夜裏冷，學生們雖然意志堅定，但處境艱難，生命危急。據北京市急救中心今天下午的統計，參加絕食的三千多名大學生已持續近百個小時，有一千七百多人次被送往醫院救護。但其中不少人一搶救過來，又隨車回到天安門廣場的絕食行列中。一位在現場的醫務人員說：「絕食學生的生命與健康已處於極其危險的地步。」現在不少同學已出現併發症，如腦出血、肺炎、胃和消化道出血。急性黃疸型肝炎、胃穿孔也出現了。癲癇、

血尿、四十度（攝氏）以上高燒、腸炎、腹瀉和痢疾在不斷發生。每一分鐘。都有急救車鳴著長笛，把病危的學生送往醫院。天安門廣場隱伏著爆發嚴重流行病的危險，形勢到了刻不容緩的地步！

從上午十時開始到下午二時，天安門廣場上遊行的人群不斷。他們打著各種各樣的旗幟和橫幅，高呼各種各樣的口號：「我們和同學們在一起」、「學生挨餓，大哥心痛」、「向絕食學生致敬」、「學生挨餓，教師擔憂」、「孩子無罪、母親流淚」、「聲援愛國學生」……等等。

聲援學生的隊伍打著「立即對話」、「民心不可違」的橫幅，喊著口號，陸陸續續走進長安街。在不盡的人流中，除了首都高等院校的學生、教職員工，北京市中小學教師的隊伍之外，工人的隊伍惹人注目。北京核儀器廠、北京汽車製造廠、北京起重機器廠、北京吉普汽車有限公司、北京重型機械廠、北京第一機床廠、北京絲綢總廠、北京變壓器廠、北京三露廠及首都鋼鐵公司等大中型企業的部分工人，舉著「救救孩子」、「剷除腐敗，打倒官倒」等橫幅和標語，前來聲援。

穿著白大褂的首都醫務工作者的隊伍走來了，他們中有協和醫院、北京醫院、朝陽紅十字醫院、中日友好醫院、北京腫瘤醫院……。他們手挽著手，走在最前面的，有全國政協委員、一級教授侯建群和趙敏順。他們的橫幅是：「強烈要求政府立即答應學生三點要求」、「救人更救國」。

舉著「立即對話、刻不容緩」、「求民主無損國家形象」等醒目橫幅的民主黨派人士，高喊口號走過廣場。當打著「慈悲為懷、

愛人如己」的首都佛教徒慰問隊走過來的時候，四周響起了熱烈的掌聲。

中國人民銀行總行的遊行隊伍經過人民大會堂東門時，不斷呼喊：「不給官倒貸款！」、「凍結官倒帳號！」。海關總署的聲援隊伍喊道：「官倒走私、鐵證如山！」受到周圍學生、群眾的熱烈鼓掌歡迎。

在聲援的行列中，有國務院機關、外交部、文化部、衛生部、廣播電視部等國家機關工作人員的隊伍，有中共中央統戰部、中直機關等黨務工作者的隊伍。中共中央宣傳部的樓頂懸出一幅標語，上寫「同心」兩個字。在「中國民主黨派」的旗幟下，行進著八個民主黨派的隊伍。以《中國記協》的橫幅為先導，首都幾乎所有新聞單位的工作人員又一次參加了聲援活動。聲援活動中引人注目的還有，來自檢察機關的隊伍，來自鐵路、交通、銀行、郵電等部門的隊伍。

《人民日報》一千多名職工今天也參加了遊行，走在前面的是，在新聞界有相當聲望的一些年已花甲的高級編輯、記者。在遊行隊伍中，還有來自天津、河北、黑龍江、吉林、遼寧、長沙、西安、四川一些院校和單位的橫幅。

與昨天（十六日）相比，遊行的隊伍中工人和中學生明顯增多。北京一些工廠的工人也打出了自己的旗幟，在這些旗幟中，有一面橫幅上寫著：「要民主、要法制」。一些中學的學生也打著自己學校的校旗來到廣場。有的中學生舉著這樣的標牌：「哥哥、姐姐，請喝一碗水」、「爺爺們，請來看看我們正在挨餓的姐姐和哥哥」。

　　遊行隊伍打出的標語和呼喊的口號多種多樣。主要口號有：「學生愛國、我愛學生」、「剷除官倒、清除腐敗」、「救救學生、救救中國」，「民主潮流、勢不可擋」等等。首都教宗教界的標語是「慈悲為懷，愛人如己」。中國銀行的標語是「不做『官倒』的帳房」。

　　今天，首都一些街道的交通已出現阻塞，但是廣大學生和各界群眾保持著高度的理智的良好的秩序。由清華大學、北京科技大學等院校的學生組成的糾察隊，堅守在廣場兩側和新華門前，一條條寬敞的通道保證了救護車的頻繁進出。各路遊行隊伍也自始至終保持著秩序，沒有意外情況發生。

　　今天，首都市民也紛紛湧上街頭，看望自己的親人，慰問絕食的學生。不少市民以居委、居民院、宿舍樓為單位，帶來了母親們的心，「我的孩子，你在哪裡？」的呼聲四處起伏。找到了的，母子抱頭痛哭，觀者無不動容；找不到的，流著淚呼喊親人，呼喚良知。

　　今天的北京街頭，救護車揪心的警笛聲已經響成一片。全市人民都是一個想法：「學生的生命危在旦夕，事情已經發展到了最危急的時刻，這種狀況再也不能繼續下去了。浩浩蕩蕩的聲援大軍呼喊出一個最強音：黨和政府應該拿出最大的真誠，拿出最切實的行動來。

　　據瞭解，學生絕食團提出的要求只有兩條：一條是明確肯定這次學生運動是愛國民主運動；二是與中央最高領導同志迅即進行平等的公開的對話。有位機關幹部說：「這兩條要求不算高，為什麼

就遲遲不見行動？」有位工人說：「『公僕』和『主人』對話，天經地義，哪有領導人怕見群眾的道理？」一位大學教授說：「一百個小時的絕食請願，實際上已經取得了偉大的勝利。因為，人民已經站起在了學生一邊，而人民的看法是永遠不會錯的。」

今天，全國各界人士、民主黨派、人民團體紛紛致函、致電黨中央、國務院，緊急呼籲中央黨政主要領導人儘快同學生對話。

人民團體有：團中央、全國青聯、全國學聯、中國文聯、全國婦聯。

民主黨派有：中國民主同盟主席費孝通，中國民主建國會主席孫起孟、中國民主促進會主席雷潔瓊、九三學社主席周培源等四個民主黨派的負責人致函趙紫陽。

高等學校有四年高等院校的校長發出緊急呼籲書。他們是：北京醫科大學樣長曲錦域教授、中國協和醫科大學校長顧方舟教授、北京中醫學院院長高鶴亭副教授，首都醫學院院長徐群淵教授。

知名人士有夏衍等聯名呼請中央領導同志，下決心和學生直接對話，並向全國進行現場直播。發出緊急呼籲的知名人士是：夏衍、陳荒煤、冰心、錢鍾書、馮牧、吳雪、艾青、沙汀、汪洋、丁嶠、陳民、周海嬰、常書鴻、楊憲益、張光年、王昆、周巍峙、高彝、鄒霆、李子雲、王培恭、張停、楊絳等。

在上海市，有五位大學校長發表公開信，衷心希望同學們停止絕食，盼望中央領導儘早與學生對話。這五位校長是：上海工業大學校長錢偉長、復旦大學校長華中一、同濟大學校長高耀、華東化工學院院長陳敏恒、上海科技大學校長郭本瑜。

中國科技大學部分教授發出了呼籲書，在呼籲書上簽名的有：項志遴、溫元凱、馬興孝、張家鉛、俞燕青、程福臻、張永德、王水、郭光燦、黃子營、周光泉、王其武、龍峻漢、劉清亮、黃婉治、許天銘、劉釗新、周又元。

全國著名作家二十人聯合簽名發出呼籲。他們是：叢維熙、鄧友梅、葉楠、劉心武、馮驥才、朱春雨、李準、李國文、何士光、張弦、張抗抗、張賢亮、汪曾祺、宗璞、陸文夫、林斤瀾、梁曉聲、諶容、魯彥周。他們在呼籲書中說：

> 目前，在天安門廣場進行絕食的愛國學生已經絕食一百多個小時了！他們希望直接與黨和政府最高級領導人公開對話，面陳他們的一片憂國憂民的赤子之心。在黨風不正、貪污受賄、腐敗現象比比皆是的今天，愛國學生們的希望和要求，最大程度地代表了全國人民的希望和要求！代表了人民的心聲！

> 愛國學生憂國憂民，其情其舉，可欽可敬，可歌可泣！正是國魂激蕩的充分體現，正是我中華民族精神不死的象徵！天地昭昭，丹心可見。

> 當數千名愛國學生生命垂危，奄奄一息，默默待斃的現在，我們以作家的良知，緊急呼籲黨和政府最高領導人，以民族利益、人民利益為重，在人民面前，採取最明智的抉擇，切不可再延宕時日。

> 人命關天，刻不容緩！如果在我中華大地上釀出前所未有的悲劇，後果不堪設想！

我們是人民作家，我們一貫以與人民具有共同的憂患意識為天職，在我們的心目中，人民是至高無上的，我們的心，願與人民一起燃燒，我們的淚願與人民一起揮洒！我們的血肪願與人民相通相連！

人民萬歲！

北京有十家企業負責人也向《人民日報》遞交了一份緊急呼籲書。這十家企業負責人是：北京革製品廠廠長李久源、黨委書記錢錚、北京光華木材廠廠長趙鳳群、北京制藥廠廠長喬俊峰、北京電視機廠廠長陳傑、北京東風電視機廠廠長趙小平、北京同仁堂制藥廠廠長孫潘、北京冷凍機廠廠長王本公、北京第三棉紡廠副廠長蘇正林、北京第二機床廠副廠長楊德祿。

另外，還有秦牧、黃秋耘、嶺桑、李士非、老烈、祖慰、林經嘉、舒大沅、伊始、丁小莉、趙麗宏、胡發雲、楊幹華、熊誠、呂雷、郁茹、郭光豹等十七名當代作家，在廣州聯名了表致中共中央公開電報，全文如下：「中共中央：我們以作家的良知聲援北京絕食學生的正義要求，籲請哄中央最高層領導人立即與學生直接對話，以免激化矛盾。」

著名老作家冰心，在《人民日報》的「人民論壇」撰文呼籲：〈此謂民之父母，以能保我子孫〉。她說：

這是兩名我小時候在煙臺農村裏很小的一座土地廟裏柱上看到的對聯。

　　現在天安門廣場上有幾十萬受苦受難的我的子孫，這苦難何時才能了結？

　　我極其贊成北京十位大學校長發表的公開信內說的：「我們希望黨和政府的主要負責人（注重點是我加的——冰心注）儘快與同學們直接見面和對話。」

　　我認為現在只要有一兩位黨和政府的主要領導人在天安門上露面，向幾十萬群眾哪怕說一兩句同情理解的知心話，就會引導事態向著理智、秩序的方向發展，那麼，我們的子孫們就不必付出不必要的慘重的代價。

　　在這裏我請求今天的民之父母們，儘快地來保「我的子孫」們吧！

　　　　　　　　　　　　一九八九年五月十七日急就

　今天的《人民日報》上，同時刊載了作家徐剛的詩《五月救護隊》，詩中寫道：

今天的廣場

父親們母親們

你們的兒女說

媽媽我餓可是我不吃

三千多人三千多年輕美麗的靈魂

充實而堅強

微笑著請求饑餓的折磨

在人民英雄紀念碑下

白天的太陽

沒有給青磚留下溫暖

月亮也是冰冷的

十分鐘有十五輛救護車駛過

撕裂人心的警鐘之聲

sos！sos！sos！

中國！中國！中國！

熱血喚不醒冷漠

五月救護隊

從大街小巷向著廣場集合

救護那些年輕的絕食者

他們閉上了眼睛卻讓心靈洞開

為了自由的綠風

在五月的草坪上穿過

為了青春大地

為了少年中國

他們已經真正一無所有

那些大學食堂的飯票和菜票

連同宴會廳的華燈、美酒

全都失去了光澤

他們只有風、空氣和水

還有熱愛他們的無數的良心

一起

把中國的自由女神雕塑！

今天的廣場

父親們母親們

你們的兒女說

媽媽我餓可是我不吃

三千多人三千多年輕美麗的靈魂

充實而堅強

微笑著請求饑餓的折磨

並非所有的呼喚都沒有回聲

震撼三千年的這三十天

是中華民族一個輝煌的記錄

該發生的總要發生

該結束的總要結束

車與燈，人和旗

生命滴血的歷史

就這樣一鈔鐘一分鐘地閃過

五月救護隊

你們是在救護一個中國

一九八九年五月十六日凌晨

於天安門廣場

34 學生危急！形勢危急！
    國家危急！

1989年5月18日（星期四）

參加絕食的學生，今天已堅持到第六天了。

整整六天六夜，饑餓寒熱。烏雲密佈，電閃雷鳴，天象是要壓將過來。下午，陰沈的天空落下了滴滴雨水。細雨掠過，轉瞬間變成銅錢大的雨點直掃下來。煙雨迷蒙中，天安門廣場的大學生絕食營地內，同學們奄奄一息。而四周聲援的人民大眾如潮如海，在天安門廣場和長安街上，遊行的人潮上空仍響徹口號聲。繼昨日百萬群眾上街遊行之後，今日首都又有百萬人冒著傾盆大雨上街遊行，聲援高校學生的絕食請願活動，敦促黨和政府最高領導人儘快和請願學生真誠對話。

進入第四天的首都各界聲援絕食學生的遊行，已明確地把民主作為自己的旗幟。位於天安門廣場東側的革命歷史博物館的房頂上，掛出了幾面巨大的白色旗幟，上面分別寫著「民主」、「人權」、「醒獅」、「中國魂」等大字。在長安街兩旁一些大的辦公樓的窗外，也貼出「聲援學生」的標語。

今天的遊行隊伍中產業工人較多。北京吉普有限公司三千人的佇列，一色藍工裝，黃頭盔，他們不斷呼喊著口號前進。乘坐機動車輛遊行的工人比昨天多了。北京化工廠出動十六輛卡車，清一色，引人注目。他們打出「工人學生，一母所生」、「學生挨餓，工人心疼」、「大哥來晚了」等標語。首都鋼鐵公司、燕山石化公司、北京重型電機廠、北京化工二廠、京棉一廠、北京鐵路局、北京建築工程總公司等著名企業都有許多人參加了遊行。幾乎每一支遊行隊伍裏都有要求民主的標語。天安門廣場上的一條標語上寫著：「一九八九年──民主元年」。中國人民大學幹部進修班打出的一條標語是：「飯碗可以不要，民主不可不爭」。還有的高舉著「打倒一人，喚醒一批！」「最重大的事情人民不知，最高領導今方知」等標語。

清除貪官，剷除腐敗是遊行隊伍標語中的另一個重要內容，例如「官倒不打倒，工人受不了」、「賣掉『賓士』，償還國債」。幾名青年建築工人高舉「青年突擊隊」的大旗，駕駛著一輛大鏟車行進在沒有盡頭的車流中，鏟鬥上「剷除官倒」四個大字，分外醒目。

格外引人注目的是遊行隊伍中還有數百名員警和軍人。一位坐在摩托車上的軍官莊嚴地向學生行舉手禮。全國人大和監察部的部分工作人員也參加了遊行，還有許多民主黨派和宗教界人士。傍晚，當三輛載滿著武警的汽車參加遊行的行列時，圍觀的群眾以熱烈的掌聲，歡迎他們和群眾站在一起。

已經進入第六天的絕食學生處於更加危急的狀態，三千多人中已有二千多人被送往搶救，許多企業、事業單位的醫務工作部門自

願派出救護車和醫護人員參加搶救。據醫護人員說，部分同學已無法避免終生殘疾的危險。

今天，又有十七名中國政法大學的教師，參加了絕食活動，他們躺在國務院所在地新華門前絕食。

中午，天空烏雲密佈，予示著一場大雨就要來臨。為了讓絕食的學生避雨，北京市公交公司調集了八十部大客車開到天安門廣場，在國旗杆南側自西向東一字排開。下午三點二十分，雷聲隆隆，下起瓢潑大雨。絕大多數絕食的學生上了客車，但仍有二百多名絕食同學尚未轉移到車廂裏。他們一言不發，肅立在大雨中。外地在京聲援的大學生們，有的披著雨衣或打著雨傘站在廣場上，有的鑽進了臨時急救站的帳篷裏。

雨，下得很大，廣場上的地面很快汪起一片片水。一堆堆垃圾浸泡在水裏，廢紙、塑膠空瓶，隨著風雨在廣場上的水面上四處飄蕩。

晚上，廣場上冷氣襲人。一些善良的北京市民，給學生們送來了大衣、棉襖、毛衣、呢子衣服，有的還七、八成新。

今天，還有不少單位前來捐款。全國總工會捐款十萬元；四通公司捐款五萬元；中國農工民主黨捐贈一萬餘元。

許多單位和企業自願捐助物資和藥品。東風電視機廠的幾百名職工，送來了四台彩電和兩萬元現金；北京標準件二廠的職工開著兩輛汽車，送來了一百箱可口可樂；北京電子管廠三分廠工會主席受全廠一千餘名職工的委託，把募捐來的二千四百多元錢送到了絕食學生的手中；北京市建工總公司工會也向北京紅十字會捐募一萬元用於搶救絕食患病的學生；遠在石家莊的華北製藥廠，派專車給

天安門廣場絕食的學生送來四噸葡萄糖；北京塑膠廠送來了不少塑膠薄膜；民青商店送來了上萬件塑膠雨衣；北京氧氣瓶廠工人扛來了氧氣瓶；還有的送來了婦女用品⋯⋯

據悉：上海、南京、武漢、重慶、濟南、廣州、昆明、貴陽、南寧、鄭州、成都、太原、合肥、蘭州、臨汾等城市都舉行了聲援絕食的示威遊行。

住在醫院的老作家巴金發表談話，他說：「七十年前的五四運動，就是一批愛國學生為我們祖國爭取科學與民主。七十年過去了，我們還是一個落後的國家。我認為，今天學生們的要求是完全合理的，他們所做的，正是我們沒有完成的事情，中國的希望，在他們身上。我已經是病殘的老人了，但我從這些年輕人的身上受到很大教育，我相信一切愛國的、正直的、有良心的人們，都會愛護他們，保護他們。」

今天，各界人士、民主黨派、人民團體發出緊急呼籲書的有：
臺灣民主自治同盟中央
民革中央主席朱學範
中國致公黨中央董寅初主席
中華全國歸國華僑聯合會
北京市歸國華僑聯合會
全國人大常委會葉篤正、江平、楊紀珂、陶大鏞等十二名委員
張友漁、王仲方等九名法學家
巴金、冰心、夏衍、錢鍾書、張光年、艾青等四十一位文藝界著名人士

胡強、丁偉志、劉國光、任繼愈、呂叔湘等一百九十四名社會
科學界知名人士

中國紅十字會

美國印地安納大學一百八十多名中國留學生

美國猶他大學中國留學生鄧郎、楊黎明

今晨，首都十五家新聞單位的部分新聞工作者發出《首都新聞界致黨中央、國務院的公開信》。公開信中說，學生危急！形勢危急！國家危急！我們懇切地希望黨中央和國務院主要負責同志以大局為重，以國家為重，順應民心，為防止事態擴大做出切實的努力。

一、請趙紫陽總書記、李鵬總理到天安門廣場看望絕食的學
　　生，並當面答應學生的合理要求。

二、請中央正式宣佈：這次學潮是一次愛國、民主、和平的請
　　願，而不是動亂。

三、請中央舉行有黨中央和國務院負責同志參加的真誠對
　　話，對話的另一方應是絕食學生認可的代表，對話應現
　　場直播。

這十五家新聞單位是：人民日報、工人日報、新華社、中國青年報、農民日報、科技日報、經濟日報、光明日報、中國婦女報、北京日報、北京晚報、中央人民廣播電臺、中央電視臺、中國國際廣播電臺、中國日報。

35 「怕死不反共產黨！」

1989年5月19日（星期五）

今天是學生絕食請願的第七天了。

昨天上午在人民大會堂，李鵬等國家領導人終於會見絕食請願的學生代表。學生代表陳述了他們的要求。李鵬提出先解除絕食人員目前的困境。他說：「現在救人是第一位的，希望同學們儘快結束絕食，儘快到醫院接受治療。」絕食請願的學生代表仍堅持兩點要求：一是肯定這次學生運動是民主愛國運動，而不是所說的動亂；二是儘快對話，並現場直播。李鵬未置可否，顧左右而言他，說道：「無論是政府，還是黨中央，從來沒有說過廣大同學是在搞動亂，一直肯定大家的愛國熱情，愛國願望是好的。」

今天凌晨，趙紫陽、李鵬等領導人到天安門廣場，看望絕食請願的部分高校學生。中央電視臺播放了實況錄影。李鵬板著嚴肅的面孔，不冷不熱地勸導學生。而趙紫陽則表現不同，他接過學生遞給他的擴音喇叭，十分感傷的說道：「同學們，我們來得太晚了，對不起同學們了。」他懇切希望同學們健康地活著看到中國實現四個現代化。趙紫陽用嘶啞的聲調說道：「我是老了，無所謂了，你

們還年輕，今後的日子還長著呢！」趙紫陽的一席話，很富有人情味，受到當場同學們的熱烈鼓掌歡迎。

晚上九時，時天安門廣場絕食請願七天的北京高校學生，通過設在廣場上的高音喇叭，宣佈停止絕食，把絕食改變為靜坐。這一消息，使廣大為絕食學生的健康和生命擔心的人們，大大地寬鬆了心頭上的焦急和憂慮。

晚上，在人民大會堂召開幹部萬人大會，李鵬發佈了戒嚴令。當我聽到這個消息的時候，我的身體猛的一哆嗦，想起了那可怕往事。儘管已過去三十多年了，我仍然不能擺脫那可怕的過去。我閉上眼睛，任思緒飄回到往日的時光與情感中去。林昭的形象如電影一樣又重新浮現在我的眼前：她從一名天真無邪的女大學生成長為一名成熟年輕人的情感歷程。請聽聽她對反右的議論和評價吧，在監獄中寫的一封信中是這樣寫的……。

反右——那腥風血雨慘屬倍常的一九五七年在許多人，也在這個青年人的生命史上深深地刻下了一道烙印，劃出了一道鴻溝！而這回事當然是共產黨錯的！不僅錯，而且大錯特錯！鑑於匈牙利事變的慘痛教訓想緩和一下國內輿論情而使可能產生問題消弭於無形，原意或亦可算為力爭主動未足原非；但為什麼對客觀事態的嚴重程度估計十分不足呢？又為什麼不先從主觀上準備著比較良好的政治風度呢？當然這兩者也互相關聯著，而其根本原因便是：只有方式而毫無誠意，故鬧到臨了便也成了那麼一回葉公好龍的可悲笑話，

弄得無以自圓其說了,更只好恬不知恥地強顏解嘲曰:完全正確,這正是一個圈套,目的為誘敵深入、等等。順便說一句:我於此等地方也每每屈服得牙痛不已!做錯事情任何人都在所難免,最最不可原諒的倒是這種曲為詭詞以文過而飾非的做法!這比之單純的做錯事情或害怕認錯要惡劣到不知多少倍哩!幾時共產黨能把這一點改掉,則也許可以比較出息了!

　　一九五七年是一個染滿著中國知識界與青年群之血淚的慘澹悲涼的年份!假如說在這以前處於暴政之下的中國知識界還或多或少有一些正氣流露,那麼在這以後則確實是幾乎已經摧殘殆盡了!而《人民日報》又是何其殺氣騰騰地每天每日煥發著血腥味兒啊!人們努力想從新聞中、標題上或那怕是字裏行間找出一點點明智的——理性的氣息,可是多少次所得到的只是失望!沒有、沒有!完全沒有!根本沒有!莫說一點點,連半點點都沒有!面對著那樣沉痛的政治現實,面對著那樣慘痛的家國之苦難,面對著那樣汪洋巨涯的師長輩和同時代人的血淚,作為一個被未死滅的良知與如焚的激情折磨得悲慟欲狂的年輕人,除了義無反顧地立下一息尚存除死方休的反抗的誓言,並竭力盡一己之可能將這誓言化為行動而外,還有什麼是他更該做的事情呢?!這其間應該受到嚴屬責備的究竟是年輕人,還是執政者呢?!這又到底是林昭負了中國共產黨,還是中國共產黨負了林昭呢?!

36 平凡而偉大的靈魂

1989年5月20日（星期六）

昨天，正當人們為天安門廣場的絕食學生宣佈停止絕食感到欣慰的時候，晚上九時四十五分，中央電視臺播送了「重要新聞」，現場直播了中共中央、國務院召開首都黨政軍幹部大會，李鵬在大會上號召大家緊急行動起來，堅決制止在首都已經發生的動亂。國家主席楊尚昆在會上也講了話，他說：「為了維護首都社會治安，恢復正常秩序，我們不得已，從外地調來了一部分人民解放軍。」

令人奇怪的是：這樣一個至關重要的大會，黨的總書記趙紫陽沒有出席，真令人不解。李鵬總理簽署國務院令，斷然決定從今天上午十時起，在首都部分地區實行戒嚴，以防止事態更加惡化，掌握制止動亂的主動權。緊接著，陳希同市長今天也發佈了北京市人民政府關於實行戒嚴的一、二、三號令：嚴禁遊行、請願、罷課；嚴禁散佈謠言、散佈傳單；嚴禁衝擊黨政軍領導機關……等等。聲稱：發生上述禁止的活動，公安幹警、武裝部隊和人民解放軍有權採取一切手段，強行處理。

今天是北京市戒嚴的第一天。首都社會秩序一如往日，市民生活大體如常。天安門廣場上，數十萬大學生仍在和平靜坐。白天，

大街上遊行的隊伍不斷；夜晚，廣場附近，東西長安街及一些主要街道口滿是市民。

上午，當電視臺和廣播電臺一遍又一遍地播放從十時起在北京市部分地區實行戒嚴的通告整個城市的百姓都流露出疑惑和焦慮，心中暗暗問道：「這是為什麼？」「學生並沒有造反吶！難道還要解放軍嗎？」「共產黨難道還害怕人民，調解放軍進城幹什麼？」

十時後，北京市街頭並未出現實施戒嚴令的景況。

遊行示威的隊伍仍然不斷向天安門廣場進發，在學生和市民糾察隊的指揮疏導下，廣場附近、東西長安街及主要街道秩序良好。據市公安局的統計，近幾日來，北京市的交通事故比同期明顯下降。

晚上，在城外的一些道路上，出現了行進的解放軍軍車，車上滿載著解放軍人。但都被市民團團圍住不得行進。大學生、市民都湧向軍車，與車上的軍人懇切交談；不少人還給解放軍送來茶水、麵包、汽水等，表示慰問。

入夜，十里長安滿是人民群眾，人山人海，各種車輛穿梭在市區的主要街道上，維持秩序的市民和學生，認真負責。有心的人們還用各種物件設置了八卦陣似的路障，預防解放軍報的軍車行進城區。

天安門廣場上，靜坐的大學生都準備了口罩和浸濕了水的毛巾。據估計，今天遊行上街的學生和市民的總人數最多時達百萬之眾。

深夜，有一種令人毛骨悚然的死寂，沒有人聲，沒有尖銳刺耳的汽車鳴笛聲，一切好像是靜止的，空氣中彌漫著一種令人不安的氣息。

「自由，這個人類語言中最神聖、最美麗、最高貴的名詞永遠燃起人們，特別是青春心靈之最強烈的愛戀與追求的感情……。」林昭的話語，又一次在我耳邊鳴響。

我記得你說過：「一切為爭取自由而鬥爭的人都是我們兄弟！」你又說過：「自由是不可分割的，只要有一個人還受著奴役，就不能說人類是自由的！」啊，林昭，你的言辭煥射出無比強烈、無比純摯的人道感情，因為你有一個深遂的頭腦和一顆高貴的心靈！

遠處，伴隨著輕風傳來了北京站的鐘聲，我仰望這黑色的夜空，默默獻上心的祈禱：安息吧！平凡而偉大的靈魂，在祖國的懷抱與愛撫之中長眠而安息。我走回了房內，打開了臺燈，謹以心香一瓣，米漿一盞，痛淚一掬，悲劇一曲，致誠遙祭於林昭的靈曰：

嗚呼林昭，晨曦乍布，已揚靈訃，驚耗入耳，痛摧肝腑，當心中刀，小決如潮。長號群湧，哀憤沖霄，暮哭招魂，天慘無色。哭昭情操，矜世足式。器昭令名，眾口如傾。哭昭卓識，舉直錯枉。哭昭長才，竟赴夜台。哭昭端品，忽視蒿萊。哭昭慘歿，痛淚和血。英華不永，橫遭摧折。嗚呼嗚呼，徒喚奈何。仇重山嶺，恨若長河。松柏巍巍，是昭儀態。麗日皓曄，是昭藝顏。廣陸千里，是昭遺體。江山青峰，是昭含實。雲霧煥熾，是昭素質。潮海蒼茫，是昭心腸。清風霽雨，是昭雋語。掣電鳴雷，是昭雄威。霜寒月白，是昭教魂。長天時星，是昭英靈。水止珠

沒，歌殘月闕，人間何世，有斯慘劫。天憐冤抑，六月雪下。汀竹蔓林，貞娥恨深。大義在抱，碧落黃泉。盡命完節，來告昊天！嗚呼，哀哉！憂惟尚饗！

37 「若為自由故，兩者皆可拋」

1989年5月21日（星期日）

今天是北京戒嚴的第二天，首都社會秩序和市民生活和過去一樣，沒有什麼變化。

據中央人民廣播電臺中午十二時的報導：根據李鵬總理簽署的國務院關於在北京市部分地區戒嚴令，從我地調來一部分人民解放軍部隊已經到達北京市城區周圍，其中一部分部隊已經到達一些重要機關單位。更多的解放軍部隊正在北京城區周圍待命。

中國人民解放軍戒嚴部隊指揮部今天發佈《告北京市民書》，指出：派部隊到北京部分地區協助北京市公安局幹警和武警部隊執行戒嚴任務，完全是為了維護首都治安，恢復政黨秩序。決不是對付愛國學生的。希望廣大愛國學生和社會各界是人士能夠充分理解，並給予大力支持和協助。

北京市人民政府發言人就調入部分解放軍參加執行首都戒嚴任務答記者問，再三強調指出：調進北京市的部隊是為維護首都秩序，保障全市人民能夠正常地進行生產、工作、學習和生活。決不是對付學生的，更談不上「鎮壓學生」。對高等學校根本沒有軍管任務。

　　戒嚴部隊在執行任務過程中，受到了學生和市民的阻攔，終於沒有開進市區。

　　天安門廣場上，數十萬和平請願的首都和外地趕來的大學生比肩靜坐。東西長安街上，上街遊行聲援的隊伍不斷，人流夜以繼日。在廣場上空，數架軍用直升飛機在低不到百米的低空往復掠過，不時撒下用大號字印的李鵬總理傳單。學生們將傳單揀起來，有的撕碎，有的揉成團丟在地上用腳踩。學生的廣播不斷播出解放軍在城郊被堵的勝利消息。有時也廣播某某地方告急，要求同學們去增援，堵住進城的解放軍。廣播中還不斷播出「五二〇慘案目擊記，說武警在豐台打死打傷學生和群眾，要求討還血債。」

　　廣場上空飄蕩著各式各樣的風箏，據說是阻擋直升飛機的降落。廣大市民擔心執行戒嚴令的解放軍進城後發生的流血事件，終於沒有發生。

　　晚上，人們又又結隊地湧向天安門廣場。通向郊區的一些主要交通路口，學生和市民都設置了路障，聚集起黑壓壓的人群，保護首都，不讓解放軍進城鎮壓學生。城市公共汽車、電車已中斷了兩天，地鐵停運了，不能拿到報紙，取到牛奶，可人民都能理解，沒抱怨，只有歎息，自問道：「政府為什麼要這樣呢？」「學生要求不高嘛！為什麼作為人民的公僕的政府領導人不敢見學生呢？」

　　夜間，天安門廣場人海如潮。曉有風趣的是：二十一時許，一對年輕的戀人在壯麗的天安門廣場舉行了婚禮。清華大學的學生代表給他們獻上了一只美麗的花籃，和平靜坐的大學生紛紛向他倆祝賀。

　　婚禮，是純潔愛情發展的必然結果。愛情一旦佔據了人的整顆心，就來不及想別的，容不下那麼多道理了。愛，是感情！只能用感情去愛，而不能用道理去愛。但愛情不只是兩個人的感情扭結，或單純是一種生理現象，而是感情、理智、生理要求和社會責任感的綜合體。不管多麼濃烈的感情，都不可能沒有思維和理智的成份，這對年輕人在天安門廣場舉行的婚禮，又一次牽動了我的無限思緒，沿著記憶的舊路去尋找當時的自己……

　　那是一九五九年的九月二十六日，我被迫分發去遙遠的西北──新疆，在北京火車站與林昭別離的情景。

　　我們心中積滿了陰霾，長久地凝立在月臺上，離別的苦痛灼燙著我們的胸懷，灼燙著我們的臉頰。我彷彿又聽到她那悲涼而哀怨的聲音。

　　「阿山，我愛你，是害了你。我早就說過，他們會這樣來整我們的，把你分配到最遠的邊區去的。」

　　「不，別要這樣說了，我不怕他們！我們總有一天會相聚在一起的！」

　　「不，我怕，我怕你回不來了！」

　　我沒有，從來沒有見到過她一對這樣顫抖和痙攣的眼睛，看著她那寒慄慄懼的神情，我突然覺得整座月臺裏其他一切全都死滅僵凝了。儘管四周營營擾擾，人來人往川流不息，擠滿了上車和送客的人群──所有這些動盪嗆沖神經的紛亂景氣對我全不存在，我緊緊握著她那喘息急不可待的手，激動地說道：「會的，會有一天會回來的！」

「太殘酷了，太殘酷了呀！」林昭極度悲傷，兩眼含著淚水，瞧著我嘶啞地說道：「一切就都完了⋯⋯。」

「什麼一切都完了呢？我們只不過是暫時的分離，怎麼能說一切都完了呢？無論怎樣，我們的心不是已經緊緊地連結在一起了麼！」我激動地現出要把內心所積壓的一切全部吐露出來。

「你有回來的可能嗎？」

「會有的，我一定會回來，一定要回來的⋯⋯你一定要等著那個時候。」說著，我流下了眼淚。

林昭也流著淚，我們將面頰貼近，相互緊緊地擁抱著，兩人的淚水融合在一起，沾濕了兩人的衣襟。

車站上的鈴聲響了，這鈴聲好像箭一樣刺穿著我倆的心房，我們緊緊擁抱在一起，生怕要被人拆散似的。

她不停地說道：「我們不能分離，阿山，你不能走啊！」性格一貫倔強的她，從不落淚的她，這時也流出了兩行熾熱的淚水。

這是我這一生，第一次也是最後一次看見她的淚水。我更加緊緊地抱住她，啜泣地說道：「你別哭！你別哭！」其實，我的淚水也盈眶奪目而涕下了，我也在哭啊！

火車鳴叫了一聲，我們才從悲痛中清醒過來，我不得不離開她的懷抱，踏上了車廂門的踏板。她追隨著緩緩啟動的列車，搖曳著手中已被淚水濕透的手絹，發狂地喊道：「我等著你，我等著你，你一定要回來呀！」

這時，我真想不顧一切的跳下車去，可是，已經不可能了，列車越來越快了，賓士飛出了車站。她那纖弱細小的身影。在我充滿淚珠的眼眶中，漸漸地模糊到完全消失了……。

真沒有想到，這次竟成了我們的永別。二十年後，在林昭的追悼會上，我遇見了她的同學、摯友——上海市滬劇團的編劇倪競雄，她告訴我：

> ……你愛林昭我知道，一九五九年我去北京與林昭見面時，她突然告訴我，要介紹一個妹夫與我見面，我以為她是戲言。後來，她真的把你介紹給我，我們三人在王府井相聚了一次。之後，我還是不甚相信，她卻認真地說：「我要與他結婚。」因為我毫無思想準備，對你又不瞭解，對這次突然消息表示驚詫。你當時給我的印象：你比她似乎小得多（感覺上好像小了幾歲），我有點不信，我與林昭是知己，她過去幾次羅曼蒂克的遭遇我有所知。我的印象中，她好像喜歡戀愛而並不想匆匆結婚，她常常在幻想中遨遊，而不現實。同時，她也不是戀愛專一主義者（我並不是說她戀愛態度不嚴肅，我也不贊成那種從一而終的古板觀念），她可以在某一段時期摯愛一個人，但若在另一種特定環境中相遇了另一種觸動她感情的人，她也會幻想連篇而投入情網。她是一個詩人的氣質，因此她與你曾經相愛，並想結婚。至於後來的變遷實在太悲慘了，你還能要求她什麼呢！她把全身心撲在『政治』上了，感情、愛情也都集中到她的政治主張上

去了，真是『生命誠可貴，愛情價更高，若為自由故，兩者皆可拋』呀！……要談林昭這個人，特別是她的愛情方面，不是幾句話就能談得清的。

38 手起刀落，殷紅的血

1989年5月22日（星期一）

今天是北京實行戒嚴的第三天。

昨天晚上，北京街頭流傳著部隊要鎮壓學生的說法。幾十萬學生、市民都湧向街頭、湧向天安門廣場。在度過緊張不安的一夜後，首都又迎來了國務院下達戒嚴令的第三天，北京市內秩序基本恢復到三天前的狀態。執行戒嚴任務的一些受阻解放軍部隊仍在原地待命，也有一些部隊向後移動了。

市區氣氛趨於緩和。東西長安街、天安門廣場的周圍以及城區的一些主要街道、商店照常營業，道路交通順暢，但大部分公共電汽車和地鐵依然沒有恢復運營。市民生活秩序大體正常，各大劇院的文娛活動照常進行。

今天，整個天安門廣場比較平靜。廣場上的人數有所減少，學生仍在靜坐。廣場的衛生狀況不佳，一些大學生協助環衛工人清除垃圾、噴灑消毒藥水，防止傳染病流行。天安門前仍有斷斷續續的遊行隊伍。

下午，東西長安街上出現了上萬人的遊行隊伍。這是首都知識界、文化界和新聞界自宣佈戒嚴後又一次大規模的遊行。下午二

時許，舉著「中國知識界」旗幟的兩支遊行隊伍，分別由建國門和
復興門出發，一邊高呼口號，一邊向天安門廣場匯集。他們喊道：
「保護學生！捍衛憲法！民主萬歲！自由萬歲！人民萬歲！」到達
天安門廣場時，遊行隊伍人數達兩萬多人。從他們的旗幟上辨認，
遊行隊伍中有中共中央黨校、中國作家協會、魯迅文學院、中國電
影家協會等單位。還有兩面旗幟上分別寫著：香港師生記者聲援
團、香港大學。隊伍中更多的新聞界人士，幾乎包括了首都主要的
新聞單位。知名學者、作家劉再復、王若水、包遵信、李陀、徐
剛、戴晴、鄭義、趙瑜、蕭復興、陳丹晨、鍾藝兵和劉湛秋等走在
遊行隊伍的最前列。遊行隊伍行至天安門廣場時，適逢直升飛機在
上空盤旋並散發傳單，更激起人們的激憤。這兩支遊行隊伍經過天
安門廣場後，又到新華門和台基廠（中共北京市委和市政府所在
地）等地，所到之處市民反應熱烈，與遊行隊伍同聲高呼：「大軍
壓境，首都危急！」「祖國危急，人民危急！」「反對刺刀下的秩
序！」「中國人不再做奴隸！」等口號。

　　下午七時，中國科技大學朱忠之、羅志強等十一名學生來到聶
榮臻老帥住地，請求聶帥會見，並遞交了一封信。

　　信中說，敬愛的聶帥，今天下午李鵬主持會議，作出四點決
定：一、這次學生的愛國運動定性為叛亂。二、不惜用二十天時間
鎮壓掉天安門廣場上的二十萬大學生。三、騰出首都各大監獄。
四、明晨五點所有環衛工人上班清掃天安門廣場。消息千真萬確，
部隊已調署完畢，情況萬分危急。請求聶帥從天安門廣場上二百萬
市民、二十萬學生的性命著想，出來說句公道話，表態，並懇求聶

帥立即回音。我們在門外等著您！有可能的話，請聶帥務必於今晚到天安門廣場看望群眾和學生。

聶帥派工作人員出來說：「希望大學生不要聽信謠言，部隊的同志決不願意發生流血事件。」

晚上九時左右，中國科技大學七名學生來到徐向前老帥住地，徐帥住地工作人員接待了他們。學生的代表說：「軍隊要鎮壓學生，很可能在今晚發生流血事件，請求徐帥說句話。」徐帥住地工作人員經過請示徐帥同意回答說：「部隊執行戒嚴任務是為了恢復首都的正常秩序，維護安定團結的局面，絕不是針對學生來的。部隊的同志決不願意發生流血事件，並會採取一切措施來避免，請你們不要聽信謠言。」

一些準備進入首都維持秩序的部隊仍滯留在原地點待命，許多軍車的周圍一直有學生、市民在和士兵交談。一些大學生和市民向解放軍官兵送食品和飲料，相互熱情懇談，氣氛融洽。一些解放軍官兵向學生和市民表示：人民軍隊愛人民，絕不會對人民動手。

入夜，各主要路口的路障雖然明顯減少，但市民們仍不放心，一群群的市民仍輪流著在守候……

據中央人民廣播電臺的消息，從昨天到今天下午，有天津大學、南開大學、哈爾濱船舶工程學院、河北大學、西安交通大學、上海復旦大學、同濟大學等七千八百多名外地大學生離京返回本地。

今天首都知識界、文化界和新聞界的又一次大遊行，使人想起了林昭，想起了中國知識界的許多往事，想起了也曾在北京大學讀

過書的王實味，他與林昭有著驚人相似的悲慘命運，都慘死在共產黨的屠刀下。光明日報記者戴晴寫的《王實味和「野百合花」》，在一九八八年第五期的《文匯月刊》發表後，震動了中國知識界的心靈……。

　　一九四七年春，山西。

　　連綿的土山，風刮著，把綿密的灰吹進每一道密密衍著的衣縫。清明已過，仍不見一點綠意。

　　興縣，破敗的小鎮。作為晉綏根據地的首府，唯一的標識是間或從這個或那個窯洞式平房的視窗探出的小鎮。

　　戰鬥正在幾百里以外的河西進行，這裏的黃昏是寧靜的。

　　蔡家窯，晉綏行政公署公安總局駐地。

　　一個手提砍刀的幹部模樣的青年人走進一孔小窯，拖出一個為幹部模樣的中年人，拉到偏僻的山嶼。

　　手起刀落……。

　　殷紅的血沉甸甸地灑落在乾硬的黃土地上。

　　死者。王實味。罪名：託派分子、國民黨特務，反黨集團成員。沒有終審判決和裁定，沒有上訴與駁回，執行的依據是一份批准了的報告。

　　終其四十一歲的一生，王實味所做的頂出名的，也是最早為他帶來厄運的一件事，即毛澤東在一九六二年最高層的會議上還提到的，是他那篇共有四節，分兩次發表在當年延安《解放日報》文藝副刊上的雜文。

　　……

　　王實味是河南潢川人，一九二三年中學畢業，考上河南留美預備學校一年後，該校停辦，他為了升學，曾經到郵局工作一年。一九二五年考入北京大學文學院預科，編在同一個小班的還有張光人（即胡風），不久就參加共產黨地下組織，因戀愛問題，被黨支部書記段純（此人一年後脫黨，加入國民黨，當上了縣長）稱之為入黨不是來參加革命的，是抱著「卑鄙的動機」，威脅要開除他的黨籍。王實味反唇相譏：「你是支部書記，你有這個權！但是，你不要以為你利用職權把我開除組織，就能開除掉我頭腦中的共產主義理想。」王實味就這樣憤憤不平的離開了共產黨組織。那年他二十一歲。

　　西安事變後，國內形勢又一次促使王實味北上的決心，他於一九三七年十月，帶了六名女學生投奔到延安參加革命。先在洛甫（張聞天）的馬列學院編譯部工作，後又分配到歐陽山的文化研究室，重新恢復了黨籍，定為特別研究員。在中央研究院四年之間，王實味編譯了一、二百萬字的馬克思和列寧的譯著不僅在延安，在敵後抗日根據地，還曾在重慶和淪陷區「孤島」上海出版。他的勤奮，他的貢獻是盡人皆知之。

　　一九四二年的延安，在黨的整風運動中，就這樣一個投奔延安、勤勤懇懇為黨為革命的知識份子，因為寫了一篇雜文《野百合花》，在中央研究院的整風壁報《矢與的》上，貼了幾份壁報稿，發了幾句「牢騷」話，震怒了當權派，被王震罵為「前方的同志為黨為全國人民流血犧牲，你們在後方吃飽飯罵黨！」毛澤東深夜提著馬燈來研究院看了《矢與的》，隨即指出：「思想鬥爭有了目標

了！」在三月三十一日《解放日報》改版座談會上，毛澤東的口氣
已相當嚴厲，指出：「……但也有些人是從不正確的立場說話，這
就是絕對平均觀念和冷嘲暗箭的辦法。近來頗有些人要求絕對平
均，但這是一種幻想，不能實現的。」這裏說的「有些人」，並且
定了「立場」的槓槓。作為毛澤東的秘書胡喬木，在這期間曾經找
王實味談過兩次話，寫過兩次信。信裏有這樣一段話：「《野百合
花》的錯誤，首先是批評的立場問題，其次才是具體意見，再次才
是寫作技術。毛主席所希望你改正的，首先也就是這種錯誤的立
場。那篇文章裏充滿了對於領導者的敵意，並挑起一般同志鳴鼓而
攻之的情緒，這無論是政治家、藝術家，只要是黨員，都是絕對不
容許的，這樣的批評愈能團結一部分同志，則對黨愈是危險的，愈
有加以抵制的必要。

王實味是吃軟不吃硬的漢子，沒有像當時的丁玲那樣馬上認
錯，表示改悔，而是「死不認錯」。在整風運動中，對王實味的批
判逐步升級，鬥爭加碼、無限上綱。到了秋天，規格升了上去，由
「反黨思想」「反黨活動」變成了「五人反黨集團頭目」、託派分
子、國民黨特務。於一九四三年四月一日被逮捕，經過了漫長的四
年關押、看管，到了一九四七年的暮春，在國共戰爭時，被送到遠
離戰區的晉綏公安局無辜的殺害了。這和林昭的冤殺是何等驚人的
相似啊！

這兩個相距二十餘年，又分別發生在建國前和建國後的事件，
是那麼樣的相同。首先，都是黨的主要領導人親自領導下進行的。
此後，基層許多幹部如法炮製，冤案所以如此之多，與此有關。其

次，都是由文化人的文章引發，按照思想問題——政治問題——刑事案件三級升格。第三，大批知識份子捲進去，參與整知識份子。第四，被整的大多是個性很強又喜歡獨立思考的文人。應當說，四十年代初發生的王實味事件成了一個非常惡劣的開端。它很典型的體現了中國民主革命歷史時期現代民主意識被扼制的歷史事實。它打擊的不是一般的受批評什麼的個別知識份子，而是對有獨立見解的知識份子整體的一種整肅。胡風雖然沒有像王實味、林昭等人那樣被殺掉，但是搞成了全國性的批判運動，不僅影響了文藝、影響了政治生活，還影響了以後的法制，開了隨便抄家、抓人，用日記、書信中的片言隻語定罪的先例。影響所及，後來人們連日記都寫假話，信件可以隨便被沒收、私拆。公民的最基本權利遭到踐踏。在這些病態的歷史悲劇中，搞得最熱鬧的正是知識份子自己！

不可否認，王實味事件作為文藝整風的第一幕，為以後文藝界的整人提供了一種模式。這個事件的後果，是把文藝和政治緊緊捆在一起，再也脫不了鉤，成為一個「範例」。解放後的「胡風反革命集團」、「丁玲、陳企霞反黨集團」等都是從思想問題上升到政治問題，最後以「反革命」定罪的。既是「反革命」案件，就沒有討論餘地了。掩卷深思，在中國，對於知識份子的思想統治和禁錮，給人印象最深的自然是反右鬥爭。但中國政治生活的獨特性，即用運動的方式來解決思想認識總是其實是從一九四二年的王實味事件開始的。如果寫一部《中國運動史》，將是一部使人觸目驚心的書。軟刀子殺人，還要逼著被殺的承認自己「該殺」。思想動員，製造氣氛；人海戰術，輪番戰鬥；孤立圍攻，逼供誘供；「大

手所指，無疾而死」。無窮無盡的檢查交待，自我批判，使一個人的精神完全癱軟，再也站不起來。這種「群眾運動」，是可怕的。還有一大發明，便是所謂「陽謀」。其實「陽謀」就是陰謀，將《孫子兵法》的一套用於思想領域和政治生活中。一幫書生文人，傻二哥似的，非常天真地聽從。從延安開始的那套整人戰術和圈套，歷次運動都用，並不新鮮。文人還是一次又一次撲騰撲騰往裏鑽、朝裏跳。

39 「小平引退、李鵬下臺」

1989年5月23日（星期二）

今天是北京戒嚴第四天。

城市交通基本恢復。上午，街頭隆隆賓士的公共汽車，給首都市民帶來了欣慰的笑容。北京的社會秩序繼續向穩定方向發展，絕大多數市民沉著冷靜，生活日趨正常。

首都已有一百多路公共汽車恢復運營，停駛三天多的地鐵也於上午十時三十八分開出了第一趟列車。在學生和市民們的疏導下，全市街道基本暢通，職工上下班大多轉入正常。運送煤氣、液化氣及肉蛋菜奶的車輛受到格外關照。

天安門廣場上，沉睡了一夜的請願學生黎明即起，灑掃周圍場地。在高聲播放的國歌聲中，一些同學向冉冉升起的國旗行注目禮。請願學生廣播，同意撤出停在廣場上的公共汽車（原來供絕食學生用的），由公交公司投入正常營運。

下午，首都約有一百萬各界人士走上街頭遊行。這是自五月二十日發佈戒嚴令以來最大的一次。今天參加遊行的是以知識界、文化界、學生界、新聞界人士為主，也有少部分工人參加。民盟、九三學社等民主黨派、外交部、航天部等國務院一些部委的部分工

作人員也參加了今天的遊行。參加遊行除了高等院校的師生，還有來自外地的一些大學生。今天遊行隊伍的口號是：「小平引退，李鵬下臺！」「撤出軍隊，取消戒嚴令！」「維護憲法，保障人權！」「反對軍管，打倒李鵬！」「李鵬不下臺，我們天天來！」等下午四時，黑雲壓城，雷電交加，天公也被憤怒的人們感動地流下了淚水，傾盆大雨鋪天蓋地的灑了下來。在大雨中，成千上萬的群眾仍聚集在天安門廣場，高呼口號。市民們紛紛遊行的隊伍送來各式各樣的雨具。

雨後的天安門廣場，氣溫驟降。大批寒衣和薑糖水送到學生手中。某中央機關的幹部捐贈四千件衣服，很快就分發到學生手中。請願靜坐的學生被雨水淋透，但仍未離開廣場，其中有很多外地學生。

下午五時三十分，有三個人將畫圖的顏料裝進空雞蛋殼內，往天安門城樓上的毛澤東畫像砸去，把毛澤東頭像弄得烏七八糟，十分難看。這種污毀毛澤東頭像的行為，當時就被幾名維持秩序的大學生抓住，送交了公安局的派出所。經過派出所的同志初步審查，他們三人是從湖南趕來的，一位是報社的編輯，一位是工人，一位是無職業的人。他們都不是大學生，而是所謂「對毛澤東有刻骨仇恨」的人。

入夜，街頭仍有許多關切事態發展的市民難以入眠……時時擔心看天安門廣場上和平請願的大學生會遭到「鎮壓」的厄運。

是的，越來越多的資訊正在向人們發出嚴懲的警告：在北京城，市民、學生和來京執行戒嚴令的武裝士兵，都有可能逐漸失去

耐性。昨天晚間，北京西郊大井村就發生了市民與軍隊對扔磚瓦塊，造成人員愛傷的事件。在北京六里橋發生了員警與市民的衝突，雙方均有人受傷。今天被阻攔在石景山的戒嚴部隊某部，發生了一名軍官從卡車上突然被甩下致死的意外事故。這些事件，在大學生糾察隊等各方的共同努力下，均被迅速平息了。但是，上述消息卻令人不容樂觀，人們極為憂慮的是，在目前僵局一直未打破的情勢下，已經出現了因偶然事件致局勢突然惡化的溫床和契機。

五個星期以來（包括實行戒嚴以來），北京成千上萬的民眾一直處於空前的政治興奮狀態。戒嚴令發佈後，他們的精神更是持續高度的緊張：白天，或上班或遊行，晚間又紛紛聚集在路口、橋頭，集會演講、設置路障，幾乎徹夜不眠。時至今日，他們已是身心俱倦。他們目前的期望已由三天前阻止軍車進城，變為希望同戒嚴部隊官兵不停地交談，能使軍隊離京遠去。市民們這種新的期望，每一天甚至每一小時都變得更為急切。

在天安門廣場上的和最近三天來分赴城外軍隊集結處的大學生們，也已經精疲力竭了。眾所周知，迄今他們的理智和秩序，受到了全市人民和軍隊的一致稱讚。儘管如此，一個多月來，特別是五月十三日絕食請願後，這些始終處於高度緊張狀態的數以萬計的大學生，顯然正在經受著最嚴峻的考驗。

與此同時，政府戒嚴部隊也面臨著有目共睹的壓力，雖然他們均表現出「極大的克制」。據中央電視臺的報導，透露了戒嚴部隊官兵的心態。一位中校抱怨「人民群眾不瞭解我們」，「很多人說了一些不友好的話」。他還說：「戰士整天都待在車上，太陽曬、

吃不上飯，沒有帶被子、雨布，晚上都躺在地下。」另一位中校稱：現在「我們吃不上飯，喝不上水，睡不了覺都沒事，只是受不了這個氣。」士兵都是有血有肉的人，在他們「受不了這個氣」的時候，誰能保證不會發生不虞之事呢！

可想而知，有關方面為保持「理智」和「克制」，必將比前一階段更為艱難。此外，還有一些跡象為事態勾劃出不樂觀的前景：這兩天，不斷有消息說，在與戒嚴部隊接近的市民中混進不明身份的人，企圖製造事端了；據《北京日報》報導，京城已發現「一些外地流竄人員」冒充大學生，進行違法犯罪活動。今天發生的三名外地人，在群眾遊行時向天安門城樓毛澤東畫像潑污物，也是一個令人不安的信號。另外，天安門廣場上大學生的組織者多次宣稱，他們「已無法控制局勢」。因為他們沒有能力，也沒有權力領導和組織上百萬北京市民，保持有序狀態。

種種情況表明：宣佈戒嚴以後的北京城，其理智色彩不再像前些日子那般濃重了。社會情緒煩躁度升溫，將為那種可能誘發巨大災難的偶然事件提供機會，這是愛國公民無論如何也不願看到的。

40 平靜的一天

1989年5月24日（星期三）

今天是北京戒嚴的第五天。

繼昨日淒風苦雨之後，今天烈日當空。天安門廣場上那麼多櫛風沐雨的大學生的健康狀態受到北京市民的關懷。昨天傍晚開始出現的為請願學生送衣服、食品、藥物的人流，一直持續到今天清晨。前些天為救護絕食同學忙得一刻不停的醫務人員，現在正忙著噴灑流水線藥水。天安門廣場一些靜坐的學生把淋濕的棉被、大衣攤在帳篷頂上晾曬。

城市交通情況明顯好轉，一百七十多條線路的公共電、汽車通車了，環城地鐵運營了，交通警察上崗了，全市交通網絡基本暢通。儘管生活秩序趨於正常，人們對時局的關注有增無減。很多北京人都在追逐著各種各樣的資訊。雖然沒有證實戒嚴指揮部發佈過命令，但執行戒嚴任務受阻的部隊確實有後撤。各繁華地段的商店都在營業一些商店前幾天掛出的聲援、支持學生的標語、橫幅已收起。在街頭報欄前，有眾多的人在看報；在一些電線桿、牆壁旁，聚集著許多人圍看各種各樣的傳單。

　　下午，天安門廣場仍有少量的遊行隊伍在示威，其中較為引人注目的，有中央電視臺的隊伍，天壇醫院的遊行隊伍有數百人之多。昨天被污損的天安門城樓上的毛澤東畫像，已經被更換了另外準備的一面。據公安機關對三名肇事者的審訊，他們三人承認責任全在他們自己，與大學生靜坐請願無關。

　　「北京工人自治會」的組織，在天安門西側觀禮台設立了一個較大功率的廣播站，宏亮有力地廣播聲吸引了大批行人。中央電視臺工作人員將剛剛從會城門郵局取出的全國各地各界人士的捐款二萬五千八百多元，轉交給在天安門廣場上和平靜坐的首都高校學生代表。北京市居民給廣場的學生捐送了大量食品和衣物。

　　晚上七點多，約有一千多名中國科技大學的學生下了火車，背著包、舉著寫有「聲援團」的旗幟，排著隊向天安門廣場走來，受到了和平靜坐的學生的熱烈歡迎，使較為平靜的天安門廣場又掀起了高潮，激勵同學們堅持到底！

　　今天北京的氣氛，看上去是宣佈戒嚴以來最為平靜的一天，也是最富有和平情調的一天。然而，這種與近四十天來激蕩不已的情勢明顯不同的安寧，是否預示著什麼呢？人們的心頭惴惴不安：北京今天的「安寧」會持續下去嗎？

41 靜坐、遊行仍在繼續

1989年5月25日（星期四）

今天是北京戒嚴的第六天了。

昨天晚上是北京戒嚴的第五夜，廣場上只見人山旗海中飄浮著一頂頂用塑膠布或帆布搭起來的簡陋窩棚。棚內擠滿了疲憊不堪的男學生和體弱的女學生，更多的同學則在棚外的夜幕下露宿。熱情的首都市民捐助了大批棉被和棉衣，但杯水車薪，眾多的大學生仍是缺鋪少蓋。

在毛主席紀念堂，幾千名剛從山東、湖南來的大學生聲援團坐在一起。夜風掠過，寒氣襲人。紀念碑西側的四川大學的營地旁邊，幾名學生圍著兩名吉它手，輕輕彈唱著惆悵憂鬱的歌曲，每唱罷一曲，便齊聲呼喊幾句熱烈的口號。北京舞蹈學院的帳篷裏，有二十多名學生，她們每天分成幾班輪流來靜坐，其餘的同學都留在舞院休息。

人民英雄紀念碑基座的最高層，是中外記者的活動中心。外國和港臺記者每夜都架起攝像機或拿來著無線話機，目不轉睛地巡視著廣場，時刻期待著世界頭號新聞的出現；大陸記者則聚集在一起，交流著關於學生領袖的資訊。絕食團的廣播停播了，目前學生們還沒有主動撤離的跡象。

天安門廣場四周，圍觀的群眾大為減少，義賣汽水和食品的攤點增多，賣雞蛋、攤煎餅的個人商戶生意興隆，匯聚成了一個小吃群。

進入戒嚴第六天的北京城，局勢正在逐漸明朗化。全市生產、交通、生活秩序進一步恢復；靜坐、遊行仍在繼續。停住在城外的戒嚴部隊無明顯的進城意向。

下午一時半，烈日當空，仍有一批批隊伍頂著酷熱，到天安門廣場示威遊行，東西長安街和廣場南的遊行隊伍，一時不見頭尾。從他們打著的旗幟和橫幅來看，有來自科研、教育、衛生、文化、新聞單位和部分工廠，也有不少是外地學生。長安街交通曾一度中斷。

在天安門廣場，政府的廣播播送了北京市政府發言人支援中國紅十字會呼籲的消息等；學生的廣播除要求一些人不要再爬上紀念堂門外的群雕外，還籲請外地來京的大學生返回，因為今天是學生免票返回的最後一天。但據北京火車站的人說：學生來京的仍比返回的多。

42 「這個方針我執行不了」

1989年5月26日（星期五）

今天是北京戒嚴的第七天。

連日來，科技日報陸續收到來自山西長治、上海、四川都江堰等地各界人士給首都大學生的捐款共五千八百九十元。今天，科技日報把剛剛從郵局取出的各地捐款轉交給在天安門廣場上的大學生代表。

今天，北京城裏秩序基本穩定，市民生活進一步趨於平靜。天安門廣場的學生和圍觀群眾已漸減少。

街上沒有出現遊行隊伍。在最高達攝氏三十六度的酷熱氣溫下，天安門廣場上的許多學生紛紛轉移到人民大會堂和革命歷史博物館前的樹蔭裏。前些時候提供給絕食學生避雨的一百多輛大客車，到下午只剩一輛停在廣場，其餘全部開走，投入營運。

市民們感到，今天是近一個月來交通秩序最好的一天，各種車輛運行正常除了還有剛下火車的外地學生的零星遊行隊伍外，已沒有什麼帶著橫幅的隊伍走在街上。

由於烈日炎炎，白天在天安門廣場靜坐的學生減少了許多，圍觀和送飲食的也已大大減少。天安門廣場上依然旗幟林立，不少連

日請願疲憊不堪的北京學生已返回學校其中也有人清晨回校，傍晚重返廣場。

這兩天，廣場上絕大多數都是外地學生。他們旅途勞累，在廣場上吃不好、睡不好，抵抗力差，感冒發燒的、拉肚子的、中暑的人不少。北京火車站前，大量外地進京學生排隊等待返回，新來的學生已經不多了。

尚在城外整休待命的戒嚴部隊，開始接待各級政府組織的慰問隊伍，有些官兵還與當地居民聯歡。據新華社記者在一篇報導中反映，駐在大興縣的戒嚴部隊正逐步為群眾理解，一位軍官說，他們想以嚴整的軍容軍姿出現在首都人民面前。

今天，中共中央顧問委員會主任陳雲主持召開了中顧委常委會議，傳達了黨中央和國務院關於反對動亂的重要指示，號召大家堅決擁護黨中央和國務院為制止動亂、穩定局勢作出的正確決策和採取的果斷措施。

這重要批示是什麼呢？據可靠人士透露，就是李鵬、楊尚昆、喬石、姚依林四人在五月二十二日會議上的講話，其內容是：

李鵬說：「最近，中央雖未開過政治局會議，但常委多次研究過，幾乎所有的老同志都參加了研究。總的認為，四月二十六日社論是正確的，當前發生的事件是一場動亂，是一場有組織、有計劃、有預謀的動亂，其目的是要否定社會主義制度，否定共產黨的領導。現在越來越看清楚了。所以黨內幾位最有威望的老同志，小平、陳雲、李先念、彭真、楊尚昆、王震同志和中央常委領導班子的大多數同志都認為，絕不能從四月二十六日社論的立場後退。當

然，那篇社論還可以寫得更好一些，把兩類不同性質的矛盾寫得更清楚一些。這是總結經驗的問題，完全可以解釋清楚。但是社論本身沒錯。如果否定了它，就等於失去了整個精神支柱。」

「從深層的原因看，這次事件是長期自由化氾濫的結果，就是要搞西方的一套所謂民主、自由、人權。現在，後退是沒有出路的。你退一步，他進一步；你退兩步，他進兩步。已經到了無路可退的程度，再退就要把中國送給他們了。黨內幾位老同志一致意見不能退，但同意要嚴格區分兩類不同性質的矛盾。所以，我在五月十九日的講話中特別重複了兩次『極少數、極少數』。這樣的人確實存在，有在一線指揮的，二線、三線的也有，相當高明。他們絕不是只搞一個月、兩個月，而是作了長期打算的。」

「我們不希望黨內分裂，非常願意能夠團結一致。如果是一般性問題，即使在政策上有些不同意見，大家還可以討論達成一致。但是這件事不同。紫陽同志從朝鮮回來後，發表了五月四日在『亞行』的講話。這篇講話未經過常委任何一個人，是他自己準備的，調子與四月二十六日社論完全不同，而且廣為傳播，宣傳聲勢不小。從這以後，大家至少看出一個總是黨內有兩種不同意見。任何一個有政治經驗的人都能看出來，搞動亂的人當然也看出來了。紫陽同志五月三日在紀念『五四』運動七十周年大會上的講話，事先送給我們看過，我們幾個人提出必須加上『反對資產階級自由化』，他未採納。五月四日那篇講話後學潮便不斷升溫，達到一百萬人上街遊行的高潮。外地也有很多人來京參加，中央最後才下決心實行戒嚴。」

　　「還有一個很值得注意的問題：我黨究竟以誰為核心領導，誰代表改革、開放。是紫陽同志，還是小平同志？這一點大家必須保持清醒的頭腦。十年改革以來的主要方針、政策，都是小平同志提出來的。小平同志是改革、開放政策的總設計師。對世界來講，小平同志的形象是代表中國改革、開放的。當然紫陽同志也做了不少工作，但也是執行小平同志的。他在工作中有不少失誤。他在與戈巴契夫的會談中，首先講小平同志是我黨最高決策人，說這是十三屆一中全會決定的，我們所有重大問題都是通過他的。這是什麼意思呢？就是把小平同志拋出來了。結果第二天遊行的口號就是『打倒鄧小平』。如果要維護黨的團結，黨的核心團結，我認為就應當旗幟鮮明地維護小平同志。」

　　「再介紹一點情況。我在五月十九日召開的在京中央和北京市黨政軍機關負責同志大會上的講話，是經過中央批准的。開那個會是常委的決定，實行戒嚴也是常委的決議。如果想到了要維護黨的團結，紫陽同志應該出席那次會議，但是他請病假了。作為總書記，身體不行、不講話，主持一下會議總是可以吧，但他拒絕了；不主持也可以，由別人主持，你參加一下總可以吧，但連這一件事他都不幹。是誰破壞了黨的民主集中制原則？包括五月十九日凌晨到天安門看望學生時他講的話，就是把黨內分歧意見暴露給全國人民。」

　　「這場鬥爭確實很複雜，問題就出在黨內。如果不是這樣，不至於鬧到現在這種程度。這次事件有很深的原因，不從黨內解決，不從根子上解決問題是不行的。」

　　楊尚昆說：「從悼念胡耀邦同志開始，慢慢轉成政治口號，公開反對政府，打倒政府。當時紫陽同志在國內。他到朝鮮後事態發展得更厲害，發展到打倒腐敗政府、官僚政府，少數人喊出『打倒鄧小平』的口號。這時，黨內的老同志，小平、陳雲、先念、彭真同志都覺得性質變了。因此，就決定寫了四月二十六日社論。小平同志的講話和社論的精神，用電報發給紫陽同志，他回了電報，完全同意。但是，他回到北京第二天就提出社論定性不對，定得高了，認為社論是錯誤的，要改這個社論。那時大家還是說服他，為了團結，大家都要在這個社論的基礎上講話。接著他就有了幾篇東西，一個是五月三日代表中央在『五四』運動七十周年紀念大會上的講話。李鵬、喬石、依林、錫銘同志和我，都要他無論如何在這個講話里加一句『反對資產階級自由化』。他沒有接受。李鵬同志改的文字給了我，我找他說，好幾個同志都提了意見，這句話你是不是加上，他不同意。特別是紫陽同志在『亞行』的講話以後，小平同志知道情況不好，與陳雲、先念、彭真同志商量。後來在小平同志那裏開了個會，紫陽同志到了，我也算列席的一個。小平同志就提出一個問題：退，你們說退到哪裡去？我當時講，這是水壩最後一個大堤，一退就垮了。小平同志說：我知道你們中間有爭論，但現在不是來判斷急診的問題，今天不討論這個問題，只討論究竟退不退。小平同志認為不能退。問題出在黨內。要實行戒嚴。常委好幾位同志講了話，我也講了，認為不能退。紫陽同志態度那時講得很清楚，他說：這個方針我執行不了，我有困難。小平同志說：少數服從多數嘛。紫陽同志也講了，黨內有一個少數服從多數的原

則，他表示服從多數。接著，晚上八點鐘就開常委會，我也參加了，佈置怎麼辦。在這個會上紫陽同志講，我的任務到今天為止結束了，我不能幹下去了，因為我同你們大多數人的意見不一樣，我思想不通，作為總書記，怎能執行呢？我不能執行就給你們常委造成困難，因此我辭職。大家都說，你不要談這個問題，在小平同志那裏你不是同意少數服從多數嘛，還說了有決斷比沒決斷好嘛。我說，紫陽同志，你這個態度不對，現在是維護團結嘛，你卻在這時甩手。他說他身體不好。當時他對這個部署沒有什麼興趣。以後，他給政治局、常委並小平同志寫信，說你們決定的那個方針我沒有辦法執行。我還是保留原來的意見。他的意見就是讓小平同志承認四月二十六日社論錯了。小平同志講過一句很重要的話：紫陽同志，你五月四日在『亞行』的那篇談話是一個轉折，從那以後學生鬧得更凶了，紫陽同志在他的信中還說要辭去總書記，軍委副主席的職務。我批評了他，我講了五個不好：你總書記辭職，一是怎樣向全國人民交待；二是怎樣向全黨交待；三是怎樣向政治局交待；四是怎樣向常委交待；第五，最重要的，你不是口口聲聲講要維護小平同志的威望嗎，小平同志都講了話，你又同意了，你究竟是維護小平同志，還是反對小平同志？我這話講得比較坦率啊！最後他又寫一封信給我，信中說，尚昆同志，我尊重你的意見，我這封信不發了。但是，我還保留我的意見。因此，我覺得我工作很困難，貫徹不了這個方針。後來，他打電話給我，希望我再給小平同志說一句話，希望小平同志承認四月二十六日社論是錯誤的。我說，這句話我不能講了。以後，他就說病了，寫信講頭昏，請假。他現在

家裏，確實有病。據醫生講，是心臟供血不足，頭昏。後來，陳雲、先念、彭真、王震同志都知道了這個消息。他們說，這個問題要到小平同志面前解決。那天，小平同志找到陳雲、先念、彭真、王震和我，還有幾位常委、軍隊幾個人去談。陳雲、先念、彭真同志都說太不象話了。對小平同志提出的戒嚴都表示贊成。不戒嚴，北京就處於無政府狀態了。這次會紫陽同志沒到，請了病假。」

「那天小平同志邀集陳雲、先念、彭真等同志去談，都講了，問題出在黨內。如果黨內沒有分歧，是團結一致的，就不會有現在混亂的局面。北京已經不能維持了，必須戒嚴，首先要解決北京的安全問題，不然全國其他省、區、市的問題解決不了。臥軌、打砸搶，不是動亂是什麼？我們都被管制了。」

「最近，有四個單位：中國經濟體制改革研究所、國務院農研中心發展研究所、中信公司國際問題研究所、北京市青年經濟學會，冒充人民日報印發號外，把紫陽同志講的一些話基本透露出去了，裏邊有很多謠言。說什麼紫陽同志提出的五條都被否決了，根本沒那回事。他提出用民主法制解決問題，大家贊成；提出清理公司，大家也贊成。」

「先念同志講，有兩個司令部。究竟有個什麼司令部在指揮？所以，現在不快點把底揭了很難辦。在大家看來，紫陽同志是個改革派。實際上，他改革的這些東西，基本上都是小平同志的方案。那些亂子，是出在他當總理的時候。小平同志有句話：這些亂子是三年以前就很明白的，五年以前就出現了的。」

姚依林說：「李鵬同志作政府工作報告時，檢討那一份紫陽同志通不過，最後把失誤都算在李鵬同志頭上。」

李鵬說：「他不承認問題是多年造成的，只承認這一年有失誤。」

喬石說：「這次學潮自胡耀邦同志去世開始，一個多月了，事態不斷擴大。這中間我們一直採取忍讓、克制的態度，學生頭頭中提出希望『下一臺階』的，只要不喪失原則的都盡可能地做了。所以，維持了一個多月，沒有抓一個人，沒有流血。四月十八日學生在大會堂請願，北京市派了三位人大代表把信接下來，他們認為勝利了，說要走了。但又連續兩天衝擊新華門，有些人衝進去了，喊的口號也是很反動的。總之，一步一步，有好多臺階可以下，但是始終沒有下。我早就認為不能再退讓了，但如何了結這件事情，一直沒有找出好的辦法。如果能再退一步解決問題，早就退了。確實沒有別的辦法，不能再退了。現在戒嚴令發佈了，我們不想發生衝突，發生流血事件，但軍隊完全不進城也不行，實際上已經有一部分進城了。軍隊進城是要幫助維持秩序，保衛重點部門、要害部門，根本沒說要鎮壓群眾。公安廳、武警的力量是有的，但非常緊張，一個多月沒好好休息。這種局面如曠日持久，他們會認為你沒辦法了。目前，一方面把軍隊作為威懾力量，一方面找個適當時機清場，用一部分員警、動員學校裏的黨政領導，加上部分家長協助。如果這樣能解決問題，最好這樣。拖下來的原因就是不想動武，避免流血。但拖長了不好，我們力求把問題解決了，又不流血。現在軍隊不撤，問題不大。如果後退，他們就認為勝利了。但軍隊總待在路上不行，要進營房。希望人大、政協幫助盡量做點工作。」

43 時勢逆轉，制止「動亂」

1989年5月27日（星期六）

今天是北京戒嚴的第八天。

時勢逆轉。全國政協第七屆委員會舉行第十八次會議，堅決擁護黨中央國務院制止動亂穩定局勢的正確決策。李先念在會上說：「長期以來，鄧小平同志提出的堅持四項基本原則，反對資產階級自由化的正確方針沒有得到很好的貫徹執行，造成了一定程度的思想混亂。許多人不瞭解事實真相，造成目前這種複雜局面的一個重要原因，是在我們共產黨內部領導層的個別人。」會議認為，人民政協在當前這場大是大非的政治鬥爭中，要支持黨和政府所採取的措施，做好制止動亂工作。在上海市治病的萬里委員長也發表了書面講話，說廣大青年學生的愛國熱情難能可貴；確有極少數極少數人利用學潮，製造動亂；完全支持國務院堅決制止動亂所採取的措施。

北京的氣氛和平寧靜，今天氣溫高達報氏三十一度，比昨天的三十六度略有下降，仍然熱浪蒸人。儘管如此，王府井大街上人群熙來攘往，摩肩接踵。百貨大樓、東安市場顧客如雲，爭購自己喜愛的商品。據商業部門的同志說：「王府井大街的營業額在回升。」

　　佇立街頭，只見行人神色安祥，市區秩序井然。戒嚴，似乎不再是市民們最激烈的話題了。

　　在天安門廣場靜坐的學生依然故我，為了避免驕陽的炎烤，他們之中不少人移到革命歷史博物館的蔭涼處避暑。為了保護同學們的身體健康，衛生部向他們發放了防暑降溫藥品。靜坐請願的學生在烈日下支撐，是繼續靜坐還是撤離回校，學生們意見不一。學生的指揮中心已就此問題反覆徵求廣場上各高校代表的意見，據說將付諸投票表決。

　　據北京日報的報導，在一批外地學生離京的同時，一隊隊外地學生還在不斷湧入北京，他們的生活目前遇到了很大困難。為學生義務送飲食的人少於前些天。

　　入夜，城區一些主要街口，仍有一些分散的人群，議論時局是他們的主要話題。一些青年人又返回到舞廳、電影院尋求青春的歡樂。在首都體育館舉辦了中、日、美、古巴女排四強海燕杯冠軍爭奪賽，很多市民前往觀看，體育健兒每一個精彩的還應，都在觀眾席上響起雷鳴般的掌聲。

44 堅持到底就是勝利！

1989年5月28日（星期日）

今天是北京戒嚴的第九天

今天是星期天，市民們似乎已經失去剛公佈戒嚴令時那種疑慮感，大小商店又是一派熙熙攘攘的景象。這是一個多月來，首都市民心情較為平和的一個星期天。雖然又有一些人上街遊行，但市民們已經逐漸失去了激情，很少圍觀。

上午，東西長安街上出現了遊行隊伍，旗幟很多，但不少單位的旗幟下人數並不多。遊行者以外地學生為主。機關以及企業單位不多，大約有十多萬人先後來到廣場，聲援靜坐學生，並呼籲迅速召開人大會議。

下午二時，以高校學生為主體的遊行隊伍口號聲聲，通過長安街繞行天安門廣場。這一帶交通短時間內受阻。據遊行隊伍的廣播車宣稱，這次遊行是對海外華人發起的一次聲援活動的響應，再一次重申他們的口號：堅持到底就是勝利！

在天安門廣場上，在眾多林立的校旗下，又支起了一頂頂五光十色的帳篷。在帳篷裏，有的正疲憊地休息，有的在與市民聊天。由於天氣越來越熱，生活條件又較差，許多外地來京的學生已很難

堅持，返校的增多。據北京鐵路局的統計，從昨天到今天，外地大學生離京有一萬四千八百八十二人，而進京的只有五百人。

今天的中央各地大報紙上，紛紛刊登了各地群眾給黨中央國務院來電來信，希望天安門廣場靜坐學生快返校復課。有些函電建議黨和政府要充分考慮學生的合理要求。

入夜，暑氣不退。各路口成了市民們納涼、聚談的場所。對北京人來說，歌星演唱會和高水準球賽吸引力似乎已不象以往那樣大了。

駐紮在城外的戒嚴部隊沒有什麼動靜，他們忙著接待政府派去的慰問團，觀看慰問演出。一些部隊文藝工作者的演出，在官兵中博得陣陣喝彩聲。

45 摩托車隊的覆滅

1989年5月29日（星期一）

今天是北京戒嚴的第十天。

首都市民生活仍然比較平靜，長安街上沒有出現遊行隊伍。但另一方面，天安門廣場上靜坐請願卻未見撤走的跡象，還新搭了一批旅遊帳篷，五顏六色好像是海灘上的旅遊勝地。在廣場國旗桿西南側約五十米左右處，學生們搭了一個大鐵架，寬三十米、高四點五米，並正在安裝一座自由女神石膏塑像。

在一些街道上，部分清潔工人洗掉了貼在電燈泡桿、牆角的傳單，圍觀、議論者仍時有所見。社會秩序日益正常。

截至今日，外地學生進出京城已達三十七萬人次。現在，來京大量減少，離京返校學生日逾兩萬。據北京火車站有關人士提供的情況，北京戒嚴後離京返校學生呈上升趨勢。最多的一天走三萬人次。這三天離京學生就達九萬人。近日進京學生銳減，昨天只有二百人，今天估計不到一百人。

在進站的地方，仍然有北京市的學生在演講，大約有三百人左右在聽演講。一位第三次來北京的安徽學生說，他們希望即將召開人大常委會能解決一些實質性問題。與前幾天不同的是，外地來京的學生沒有旗幟，沒有組織隊伍的領隊。

　　另外，據北京日報報導，近些天來，北京街頭冒出一個「摩托車隊」，他們打著「飛虎隊」、「鐵騎衛隊」的旗子，從五月十五日開始成群結隊出現在天安門廣場和城區主要街道上，少時二三十輛，最多時達三四百輛，呼喊口號，聲援請願靜坐的學生。五月二十四日，他們圍攻了大興縣公安局，砸碎了縣公安局交通大隊辦公樓的玻璃，打傷交通隊長。經過公安機關連續幾天幾夜的突擊，現在這個「摩托車隊」組織已初步被摧垮云云。

46 這是無聲的反抗

1989年5月30日（星期二）

今天是北京戒嚴的第十一天。

昨天曾傳出在天安門門的學生有撤回學校的消息。今天，又傳出請願靜坐的學生將堅持到底，靜坐到六月二十日的消息。學生的意圖是：在對已宣佈的六月二十日左右開會的人大常委會施加「影響」和「壓力」，希望人大常委會能罷免總理李鵬，宣佈取消戒嚴令，促使政府領導人與學生平等對話，發展民主，健全法制。

今天中午十二時，天安門廣場上又掀起了一個設法請願靜坐的學生舉行了《民主之神》塑像的揭幕儀式。客座高達八米的《民主之神》雕像是北京市高等院校學生聯合自治會發起，由八大藝術院校聯合行動，請中央美術學院雕塑系二十多名師生集體創作的。他們以泡沫塑料為基本原料，參考美國「自由女神」塑像，省去了打草稿、對模特、發大樣等一系列工序，用了兩天三夜連續趕製出的一個富有中國特色的民主之神的塑像。於昨天晚上，由中央美術學院三百多人護送，運到天安門廣場的。

　　《民主之神》雕像，安放在天安門廣場人民英雄紀念碑北側，吸引著數以萬計的圍觀者。這個消息很快就傳遍了北京城，人們都爭先恐後的跑去觀看。傍晚，天安門廣場又被人群擠得水泄不通，人山人海，歡呼聲、口號聲震徹雲霄。不少人都在《民主之神》雕像前攝影留念。

　　政府有關部門，天安門管理處發表聲明，反對在廣場搭起《民主之神》塑像。但學生們根本沒有理睬它，而是組織了糾察隊來護衛著《民主之神》像。

　　儘管北京市政府第二、第三號戒嚴令中，對中外記者採訪有嚴格限制，在紀念碑第三層台基上，外國和港澳臺的記者的數架攝像機仍然支架在那裏。因為他們有著學生的保護和支持，政府把他們沒有辦法，只好望洋興嘆，無可奈何。

　　晚上，我趕到天安門廣場，擠進了人群，隨著人潮來到了《民主之神》的塑像旁邊，舉目仰望這東方自由女神的塑像。她那昂首、挺拔、無所畏懼的神情，和林昭是多麼的相似啊！

　　林昭的妹妹彭令範曾對我談到她最後一次探監時見到林昭的情景：

　　　　一天，我接到了探望姐姐的通知。因為在抄家後分文不名，我只得向單位借了錢，買了些東西送去。到了監獄，當所有接見的人都走了，姐姐才被帶出來，一見她，我大吃一驚，她的打扮正與外面一片紅色海洋截然相反。她穿了一

件淡色的上衣，用白被單當裙子，長長地幾乎拖曳在地上。手臂上套著一塊黑布，上面用血線繡了一個『冤』字。她的頭髮留得極長，齊根紮了一條白手帕，宛如過去戲臺上的竇娥……我隔著鐵絲網看得發呆了。當然，我想我是理解她這樣打扮的含意的，這是無聲的反抗……她走了，這個長裙曳地的背景，銘刻在我心靈深處，永志不忘。

當時，我已預感到死亡的巨大陰影已籠罩在她身上。

這時，正當舞臺上李慧娘的影子也使林彪、江青反革命集團駭怕之際，這位牢獄中出現的現代竇娥，他們當然更不能容忍，何況林昭這時又變本加厲地在牢獄中唱歌、喊口號、寫血詩，支支利箭直射現代迷信活動的要害。林昭終於從有期徒刑二十年加判「死刑」，立即槍決了。

據瞭解，在接到判決書時，林昭留下了最後一份血寫的遺書：《歷史將宣告我無罪》。

一九六八年四月二十九日，林昭終於被殺害，過早地結束了她年輕的生命。林昭的悲慘命運，令人想起了張志新，想起了我們這一代不幸的知識份子。林昭的悲劇，難道不是時代的悲劇麼？決定暫時勝負的也許是力量，決定歷史勝負的卻只有真理。林昭雖然倒下了，但歷史已經證明：她是真理的殉道者。她只活了三十五歲，正當開花結果的美好年華，沒有結婚，無兒無女，「質本潔來還潔去，一抔淨土掩風流」。她宛如夜晚一顆一閃即逝的流星，生命雖短，但那劃過天際的璀璨光芒，會點燃人世間許多追求真理的心！

北大魂
——林昭與「六‧四」

47 《新觀察》的查封

1989年5月31日（星期三）

今天是北京戒嚴的第十二天了。

首都市民生活平靜、交通暢行，市場供應充足，價格平衡，社會秩序正常。

首都重點警衛目標區，戒嚴部隊已開始著裝上哨。肩負首都機場、北京火車站、電報大樓發等十個重點目標警衛任務的官兵是從五月二十一日陸續進駐的。

少數學生仍在新華門前靜坐，他們是從五月十七日開始的。連日來，經國家有關部門、學校教師再三勸說、疏導，有些學生離開了新華門，到今天仍有三十多名學生不走，堅持靜坐。

天安門廣場出現了《民主之神》像，引起了全市人們的注目，議論紛紛。有的支持、叫好；也有的批評、反對。前去觀看《民主之神》塑像的人群絡繹不斷，引來了數匯成人的海潮。

有消息傳來：五月二十五日出版的綜合性半月刊《新觀察》一九八九年第十期被收繳、禁止發行，《新觀察》雜誌社被查封了。這個一九五〇年七月創刊，一九六年七月停刊，又於一九八〇年七月復刊，由中國作家協會主辦的刊物《新觀察》，在群眾中有

較廣泛的影響。因為它具有「圖文並茂、活潑清新、上下古今、無所不談」的風格,對社會上出現的新面貌、新成就、新事物、親新問題都能及時得到反映。文章寫得新穎、潑辣、尖刻,頗得群眾的歡迎。

《新觀察》的被查封,人們議論紛紛,幾天來,人們爭先恐後地去求購第十期《新觀察》,街道上的書攤也奇貨可居,高價出售,每冊由原價九角五分一本漲到三至五元一本。原來這一期的《新觀察》有幾篇對時局的文章和報導,觸怒了政府當局。「理所當然」的被收繳,禁止發行了。

第十期《新觀察》,有長篇報導〈北京,四·二七學生遊行目擊記〉。有新觀察札記〈建立民主政府新秩序〉和〈致兩個袁木〉、〈平靜下來的思索〉、〈五W不全的新聞〉等三篇雜文。這些報導和文章,被指責是:愛憎十分鮮明,一方面鼓吹和支持動亂,為動亂製造輿論,火上澆油;另方面把矛盾對準黨和政府,是反黨反社會主義。

北京市的學潮是怎麼發生和發展的呢?〈平靜下來的思索〉一文說:「與其說學生背後有什麼人插手,出謀劃策,煽惑鼓動,不如說這次大示威乃是這幾位發言人出言不遜,激發出來的更為可信。」這裏所說的「幾位發言人出言不遜」,是指袁木、何東昌等同學生的對話。〈致兩個袁木〉一文更是一針見血的指出:「你明知你的對話中有非法組織的代表,作為國務院發言人竟然與他們侃侃而談,要麼你承認他們是合法的,要麼就是你犯了一個錯誤——不該參加這場既無代表性又無合法性的對話。」〈五W不全的新

聞〉談的是新華社關於四月二十二日西安事件的報導，說「消息對
『不法之徒』以何種理由或藉口『呼喊反動口號，一再衝擊省府大
院』，就一點也沒有交待，因為不會有無緣無故的反動口號和衝
擊。」

〈建立民主政治新秩序〉一文又談了些什麼呢？文章不長，抄
錄如下：

改革到了一個嚴重關頭。歷史要求我們，不僅需要建立
商品經濟的新秩序，而且也需要建立民主政治的新秩序。
這是深化改革的應有之意，也是治理整頓理所當然的基本
目的。

民主政治的建設，必須植根於商品經濟發展的土壤之
中，離開了商品經濟的發展，民主只能成為遊蕩於社會海洋
中的痛苦幽靈，可望而不可及。同樣，商品經濟的發展，
也有賴於民主政治的確立，否則就形不成商品經濟的社會秩
序。因此，民主主要不是一種精神、一種觀念、一種作風，
而主要是一種切切實實的社會制度、社會機制、社會秩序。

如果說，「五四」以來爭取政治民主的一個重大教訓，
是把它和發展商品經濟割裂和對立起來，因而進程十分緩慢
的話，那末，近幾年來，又有一些人卻把現代化建設、發展
商品經濟和民主政治建設割裂和對立起來。他們認為，在改
革和建設過程中，民主似乎是可有可無的，主張重經濟輕民
主，先經濟後民主，甚至把民主政治建設的要求和實踐視為

「動亂」的因素，從而阻滯和延緩了改革和建設的進程。這事實上反映了對「五四」以來歷史教訓的不認識，也說明了我國封建專制傳統包袱的沉重。

如果說，七十年前的「五四」時代，民主的呼號在世界範圍內，都還帶有程度不同的理想和浪漫的色彩的話，那末，時至今日，民主政治顯然在許多現代國家中已成為活生生的現實，已成為一種社會秩序。這是一個世紀以來，人類在自我解放過程中一項最偉大的創造。什麼是民主政治的原則呢？再也不必從學理上去推論，而可以從現實存在中觸摸到了。這就是：一、多數人決定（即少數服從多數）的原則；二、保護少數的原則；三、權力制約關係（特別是權力制衡）的原則；四、政治公開化的原則。儘管民主建設是一個歷史過程，但不堅持這些原則，並使之一體化，就不可能是真正的民主政治建設。把這些原則用法律確定下來，使之成為社會規範，成為可操作的程式，就可以逐步建立起民主政治的秩序。

民主政治的秩序不意味著人民對違犯民主原則、玩世不恭濫用權力的服從，而是民心、民情、民意和協一致，民主政治原則的真正實施，從悼念胡耀邦到紀念「五四」七十周年的過程中，大學生提出的口號和開展的活動，從總體上表達了我國億萬人民的意願和心聲。一切尊重客觀事實的人，都不會從中看到什麼「動亂」，而恰恰看到了一種冷靜、理智、克制、秩序的表現。它對中國民主政治新秩序的建立

起了巨大的推動作用。趙紫陽總書記在最近激動人心的講話中，不僅提出了建立民主政治新秩序的宏旨，而且更提出了完善法制、民主監督、擴大透明度等改革措施——體現了民主政治原則，是深得人心的。人民領袖只有真正尊重人民、依靠人民，真正把推動歷史發展的民心、民情、民意抓住，才能形成剷除腐敗、推進改革、振興中華的偉大凝聚力，才能建立起名副其實的民主政治的新秩序。

〈建立民主政治新秩序〉這篇文章，被某些高層領導人指責是為趙紫陽辯護，替趙紫陽開罪，是千方百計維護和抬高趙紫陽。趙紫陽是黨的總書記，何罪之有？他和李鵬、楊尚昆等人比較起來，所不同的是，他是屬於「溫和」性的，不是「強硬」派，不想用強硬、流血的手段，只不過是適度的退讓的方式，求得問題的解決罷了。這種決策應該說是明智的、可行的。也是能為人民群眾接受的。近幾日來的形勢不正說明了這一點嗎！示威遊行的稀落了，靜坐的學生也日益減少了、勁頭不大了。人民群眾對待學生的態度也逐步由狂熱的同情、支持、聲援，慢慢地變為旁觀和漠不關心了。

現在正是一個緩和矛盾、解決總是的好時機。遺憾的是，根據目前局勢的發展，共產黨和政府不會退讓了，因為中國有個傳統（封建主義的孽根性）是皇帝一個人說了算。現在鄧大人已開了口，說是「動亂」，那是再也不會改變的。看來。一場暴雨驟風似的強硬「鎮壓」將會落在不幸的學生和人民的頭上。《新觀察》雜誌的被查封，向人們提供了一個危險的信號：統治當權者要下手開刀了！善良的人們，你們要小心啊！

48 馬寅初的悲劇

1989年6月1日（星期四）

今天是北京戒嚴的第十三天。

北京市總工會發表聲明，強烈要求政府趕快取諦非法組織《工人自治聯合會》。北京市郊區五個區、縣的農民，在當地政府的組織下，舉行了聲勢浩大的集會遊行，表示堅決擁護李鵬、楊尚昆的講話，堅決反對「動亂」，維護安定團結。

今天是六一國際兒童節。天安門廣場的一些帳篷上掛起「祝小朋友節日快樂」、「大哥哥大姐姐與你共歡樂」等標語。帳篷之間，三五成群的少先隊員、跟著家長來的小朋友隨處可見。

中央美術學院、中央工藝美術學院的帳篷前，大學生們在一些小朋友的衣服上留下一幅幅速寫作品。一個小女孩高高興興接過天津大學一位學生贈送的氣球和別的禮品，孩子的父親請這位學生和他的孩子一起合影。

下午二時左右，廣場上的一些大學生紛紛與孩子們聯歡並合影留念。旗杆南側，藝術院校的大學生以橫幅為道具，為孩子們表演了文藝節目。

　　一些兒童的家長，本想帶領孩子去中山公園和勞動人民文化宮去玩，不知是什麼原因，今天這兩處都關著大門，沒有開放，令人十分遺憾。

　　今天的報紙上，刊載了北京大學八位教授、副教授聯名寫的信《呼籲同學們快復課吧！》看了這封信，使人想起了北京大學老校長馬宣傳初先生。我永遠不能忘記，林昭曾給我談起他們馬校長的情況……

　　……一九五七年春天，正當燕園柳絲吐綠、桃花照人的時刻，四月二十七日，幾千名師生擠在大飯廳裏，懷著極其濃厚的興趣，聆聽了馬校長關於「新人口論」的講演。七十六歲高齡的馬老神采奕奕，時而畢竟駢起兩道濃眉，用宏亮的嗓音侃侃而談：「要使我們國家繁榮富強起來，必須解決落後生產力與先進社會主義制度的矛盾。解決之關鍵必須從發展科學和節制生育兩方面入手。」

　　一九五三年全國人口普查以後，年逾七十的馬寅初不辭勞苦，三下浙江作人口調查，他說：「舊時代浙江分成十一個府，我跑了十個。」一九五四年，他一次就跑了十個縣級的二十個農業合作社，詳細調查每個村一年生若干、死若干、生死相抵，增長若干。經過連續三年反覆縝密的實際調查研究，馬老發現我國當時人口增長率，每年高達千分之二十到千分之三十，每年淨增人口一千三百萬人以上。相當於當時七個阿爾巴尼亞或捷克斯洛伐克全國人口的總和。啊！增長率實在太高了，倘不加以控制，必將產生「人口危機」，後果不堪設想。

　　馬老引用大量具體、確鑿的數字和事實，有力地說明了中國人口增長過快。照此下去，根據他的計算，再過五十年，中國就將有二十六億人。因此必須堅持實行「節制生育」（他從不使用「計劃生育」這個兩可的概念）。他主張每對夫婦最多只能生兩胎，對超生者必須嚴格實行包括經濟制裁在內的有效措施……他把自己在第一屆全國人民代表大會第四次會議上的發言——即《新人口論》交一九五七年七月五日《人民日報》發表。他高瞻遠矚，憂心忡忡地向人們敲響警鐘：「控制人口，實屬刻不容緩，不然的話，日後的問題益形棘手，愈難解決……。」

　　在「反右派」開始後，報刊上已經屢次對他不點名地進行批判。一九五八年下半年掀起第一次批馬寅初的「反動的」《新人口論》設法全國各大報刊連篇累牘發表文章。《光明日報》開闢了批判專欄。這些文章層層加碼，調門愈唱愈高，帽子愈扣愈大，形成全國性的討伐馬寅初運動。黨的一位高級領導人說：「有人認為人多不好，是壞事。英國反動經濟學家馬爾薩斯的『人口論』就這樣講的。而馬克思主義的『人口論』則完全相反……北京大學校長馬寅初先生也有『團團轉』的『人口論』。馬克思是馬家，馬爾薩斯也是馬家，馬寅初先生也姓馬，但馬寅初是姓馬克思的『馬家』，還是姓馬爾薩斯的『馬家』呢？……」

　　到了一九五九年下半年，北大掀起了第二次圍攻浪潮，雪片似的大字報貼滿了校園，一直貼到馬寅初的住宅——燕南園六十三號。認定他「借學術為名，搞右派進攻」，「要象批判帝國主義分子那樣來批判馬寅初」。年近耄耋的老人還被強迫拉來作「面對

面」的批判鬥爭，並剝奪他的申辯權利……。而馬老為人剛直不阿，不畏權貴，抱定願為真理而犧牲自己生命的精神，反而在《新建設》一九六○年第一期發表《重申我的要求》，莊嚴宣佈：「我雖然年近八十，明知寡不敵眾，自當單身匹馬，出來應戰，直到戰死為止，決不向專以壓服、不以理說服的那種批判者投降。」馬老在文章中鄭重聲明：「在研究工作中，沒有把握，不要亂寫文章。既寫之後，就承擔責任，錯了勇於改正，是真理要堅持，即於個人有所不利，應當擔當一切後果！」馬寅初敢作敢為，像一把火炬，又像一泓清泉，既照出自己光明磊落的坦蕩胸懷，也照出那些巨心叵測的打手們的醜惡靈魂。為了捍衛真理不可污，捍衛國家和人民的利益，捍衛自身人格尊嚴和出於相信未來屬於自己的堅強信念，他斬釘截鐵地發誓：不怕孤單、不怕坐牢、不怕下油鍋，即使獻出生命也在所不惜。因此，一九六○年他被撤銷北大校長職務，被迫從燕園搬出。他的名字從此從中國政治和學術舞臺上消失了……

　　歷史終歸不是任人隨意捏弄的麵團。二十年後，一九七九年七月十六日，中共中央統戰部副部長李貴到東總部胡同拜訪了馬寅初，傳達黨中央的意見：「一九五八年以前和一九五九年底以後這兩次對您的批判是錯誤的。實踐證明，您的節制生育的『新人口論』是正確的，組織上要為您徹底平反，恢復名譽。」馬寅初被任命為北京大學名譽校長。一九七九年馬寅初的《新人口論》出版。馬寅初的冤案由一個時代的結束而得到平反昭雪。但此時他已經九十八歲了，下肢癱瘓，說話語言發生障礙……。

　　馬寅初的悲劇、林昭的慘遭殺害，這些都有是新中國老一輩知識份子、年輕一輩的知識份子的悲劇。而這些悲劇的製造者又是誰呢？我想人人心中都是很清楚的。

49 我控訴，我抗議

1989年6月2日（星期五）

今天是北京戒嚴的第十四天了。

昨天北京日報刊登了一篇外地來京大學生寫的〈天安門廣場啊，我為你哭泣〉的文章，敘說了他來京後的憤懣和無限懊傷。

今天上午，天安門廣場和一些大學內有人盛傳，說北京日報刊登的〈天安門啊，我為你哭泣〉不是一名外地學生所寫，而是北京市的寫作班子炮製的。現在，這個班子裏的三個人已經倒戈了等等。

下午三時四十分，有數百名大學生來到北京日報門前，舉行了抗議示威，呼喊口號，並當場燒毀了一些北京日報報紙。指責北京日報盜世欺名，刊登了污蔑大學生的文章。

在同一時間（下午三時許），有侯德建等四人來到了廣場，在人民英雄紀念碑基座的東北角坐下，進行有限期靜坐、絕食，表示支持靜坐的愛國行動。這四人是：著名詞曲作家侯德建，他宣佈絕食四十八小時，一名是正在美國進修中剛剛返回的北京師範大學中文系講師劉曉波；另兩名是四通公司的工作人員，他們宣佈絕食七十二小時。中外記者把他們圍得水泄不通，錄影機、照相機頭

一個挨著一個。紀念碑基座下，圍了很多人，聲援他們的絕食靜坐行動。

　　一九五七年六月二日，清華大學貼出一份大字報，題目是：《匿名：我控訴、我抗議！》。當時，學生們都被它所寫的內容驚呆了，議論紛紛。可是，後來生活的現實證明，這份大字報的內容一點也沒有過分，甚至比它所敘說的還要殘酷、無情、淒慘的多。現將這份大字報全文抄錄如下：

匿名：我控訴、我抗議！

　　我是一個弱者，一個沒有勇氣和鬥爭性的人，我只會在領導者的鼻息下生活，我一天飽食終日，還得領受一個月的高薪，我願意這樣嗎？我不願這樣，我還年輕，我怎能生活的脫離人民太遠呢？但是，是黨委會叫我這樣的，是不公平的社會制度教導我這樣，不是嗎？有多少的負責幹部在宴會上，在別墅中，過著花天酒地的生活，我為什麼要那樣的克己呢？多少人學會了陽奉陰違，面向領導，背向群眾，而達到高官顯要呢？我為什麼不要三個錢的小官僚，而爬上大官的寶座上去呢？

　　我是解放區土生土養的，二十年的時間使我看清了帝國主義者，在敵人面前我也是眼睛紅紅的，我敢於拋頭顱、灑熱血。但是，在共產黨的獨裁面前，我卻懦弱無力了。個人是多麼渺小和可憐哪！用我們的血、用我們的汗、用我們

的雙手，用我們寶貴的生命保衛了不是人民而是騎在人民頭上作威作福的官僚機構和官僚主義者，是一群不擇手段的、顛倒黑白的、狼狽為奸的、不顧國內國外人民和平願望的法西斯分子。教授們、同學們，你們反對一個蔣校長（指蔣南翔）有什麼用呢？他在黨中央面前不敢道半個不字的，他太可憐了，他只是官僚主義的替死鬼，他只是法西斯政治把戲中的犧牲品。共產黨人在改造我們的思想中，喜歡挖根子、查歷史、查出身、查成份，為什麼我們不能查根源呢？我們自己想想蔣校長能給我們民主嗎？他也是籠子中的鳥，我們不過是禁囚對泣而已！

我抗議毛主席最近在團中央所說的「黨是各項工作的領導核心，離開社會主義的話是錯誤的」，這句話的翻版，應當是這樣，要承認共產黨的獨裁作用，任何反對太上皇的話是錯誤的，是格殺勿論的，他們「強姦」了「人民」「社會主義」的字眼，這使人驚心動魄的想起了三反初期的官僚主義，當人民真正把毛澤東的徒子徒孫扣起來時，他說這麼一句話：「過去是掃地出門，現在要請他們進來」，就這樣來了一個反資產階級思想侵蝕的向年輕人的大反撲，把反對者打入十八層地獄了，皇上喲！你的一句話犧牲了多少人的理想和願望喲！皇上喲！秦始皇與你相比，也只能是個無名小卒了，無怪乎說：「昔秦漢武，略輸文采」，你在鎮壓人民的這方面，是勝過了秦始皇的「焚書坑儒」多少倍了。青年人的反蔣反美的行動，你說這是理智和正義，而反你呢？你

就說是被反革命分子利用了，是偏激和盲目了。老祖宗啊！世界上有多少皇上能象你這樣，從一九四九年以後殺了七十多萬人民！（還不算一些自殺的呢）殺吧！把中國人殺絕吧！

胡風哪一條構成了反革命分子罪狀呢？這不是由你將「莫須有」有罪名加在善良人們的身上！高、饒的異己言論為什麼要格殺呢？為什麼不讓人民知道事情的真象和他們目前的下落呢？獨裁者，正義永遠不會在強權者的手上的，不管你一手遮天，一手遮日也好，你死了，人民表面上低頭默哀，而心裏在說恭喜恭喜。

幾年來用建設成績來迷惑人民，什麼一種建設呢？豪華的脫離人民的上層建築的建設，漫無止境地備戰國防建設，在和平的名字下，掩蓋著各種殘殺人類的罪惡活動，還要美其名曰：共產主義活動。黨，目前你出賣了我們民族，我們青年人的自尊心，你破壞了和平，這就是我從心頭對你的認識。

什麼是共產黨的先天下之憂而憂，後天下之樂而樂呢？什麼是吃苦在前，享福在後呢？假的就是假的，我們問：今天洪福登天的，在秦皇島避暑的、在玉泉山度假的毛主席是在吃苦嗎？而餓著肚子的僅吃一杯泉水的農民難道是享福嗎？在延安吃兩菜一湯的毛主席又是多苦了嗎？而吃苦菜有農民倒是享樂了，並以此來對人民說，艱苦摸索，真去他媽的，百萬個無恥！學者們：你們在字典中來把「享樂」「吃

苦」的名詞來解釋一下吧！不過你們是沒有勇氣的，和我一樣，我們的筆是敵不過毛澤東的黨衛軍和與御林軍的，他要殺你時，還不用自己動手，還可以動員你的妻子、你的骨肉孩子翻臉不認你，親手殺死你，這是理性的社會手？這就是毛澤東式的階級鬥爭啊！這就是我們時代的精神面貌啊！

　　獨裁者，你們已經是殘暴成性了，在延安十二點鐘一聲炮響，你殺了多少所謂可疑分子呢？這就是你們的所謂純潔內部、殺氣騰騰的三查和整風呀！多麼可恥呀！所謂什麼聖地延安，王實味不過是在「野百合花」中說了一聲大灶、中灶、小灶，而挨整了，下落呢？不知道。抗大的學生他們在前線拼命，而你們在延安呢？「花天酒地」，什麼窰洞生活，什麼棗園清苦，抗大學生在看到這些令人不能容忍的事實後，在一個晚上打死了二十多條豬吃掉了，而你們利用了純潔內部，活埋了多少人，這不是事實嗎？你們自己也發現這樣做會有根本的動盪時，你們的沒有人性的理論出來了，委屈是應該的，為了黨的利益受委屈以至犧牲是光榮的。

　　同學們，教授啊！在蘇聯還有多少不知道父親的人成了孤兒，他們的父親固然有些在戰場上拼死了，但是也有多少是死在自己人手裏呢！他們遭活埋了，他們遭自己所依靠的和所相信的人活埋了，這就是同志的涵義呀！

　　中國人民受騙了，當他們勇敢的趕走了帝國主義和蔣介石集團時，他們錯信了人，我們從強盜手中借來了刀子，趕走了強盜，當前一個強盜打死了時，關鍵問題是我們把

刀子交給了後一個強盜，在強盜的刀子下說話吧！自由吧！爭鳴吧！齊放吧！這就是毛澤東式的所謂領導的民主，集中下的民主。我們人民的出路，只有兩條，要麼聽強盜的話，做他們的徒子徒孫，也可以弄到一官半職；要麼搶下強盜的刀子過人民的生活。中國有兩句古話，「放下屠刀，立地成佛」，只要毛澤東有他的黨衛軍和御林軍時，他就不會成佛的，他就不會被人改造，只是要改造人的。教授們！同學們！在這樣的集權統治下，讓我們相信毛澤東今後自動走下寶座吧。這些習慣於別國納貢禮的太上皇，我們能想像到他們在共產主義社會做庶民嗎？他們今後自動死亡嗎？

我們有自由嗎？我們有喊萬歲的自由！我們不再要做木頭人的自由，郭沫若是喊萬歲起家的，「郭老不老，勁頭不小，一鼓氣放出萬字之連珠炮」，他還喊過史達林元帥萬歲、萬萬歲……史達林是死了。由於郭老他喊也很假，郭老自己知道他也是啞子吃黃蓮，史達林沒有萬歲，但郭老卻得到一個可恥的獎金了。

讓黨派出特務來抓我吧！把我開除黨籍吧！不過殺了我一個，另還有千千萬萬個我，他們不會讓強盜安寧的，可不是嗎？毛澤東就不敢到沒有警衛的地方走一步，他是多麼樣的威風呀！但又是多麼心驚肉跳啊！因為到處有他的定時炸彈。識時務者為俊傑，皇上喲！雖然你可恨可惡，但是你的遮民還願意向你提幾句話，你年快老了，你能夠停住一個人的筆，但是你不能停信一個人的記憶，真正的歷史學者總有

一天會無情地揭發你的，也許就是你的至親。因之我奉勸你答應人民的幾個妥協的方案：

(一) 給人民有喊「萬歲」的自由，給人民真正集會、結社的自由，你自己難道不感到安排「五一」遊行可笑嗎？不去者就因為思想落後，甚至提出是一個政治任務。

(二) 取消黨衛軍和御林軍，軍隊歸各個黨派所共有，裁減軍備，真正維護世界和平，而不是興風作浪。

(三) 政府主席和部長，由各黨派輪流擔任，縮減行政機構。

(四) 廢除共產黨一黨專政，廢除共產黨一切特權，實行教授治校。

(五) 允許自由脫離自己所不喜愛的國家和周圍的人民。

　　我是一個弱者，毛主席我怕你，難道你就為能讓我離開這個地方嗎？不要做的太過火了，物極必反，當我一再不感到生活有意義時，當我感到我已經白白損耗了自己的青春時，我會與你同歸於盡的。遺憾的是，與一個強盜死在一塊，光榮的是為後代子孫做了一點事，痛苦啊！

　　黨正在利用人民的對美帝國之臺灣事件來沖淡內部矛盾，我們不能忘記劉自然的血債，但是我們又不能忘記毛澤東欠下中國人民更多的千千萬萬的劉自然的血債呢！

人們全理解，我不會簽名

六月二日

50 槍聲震攝了人們的心靈

1989年6月3日（星期六）

今天是北京戒嚴的第十五天。

首都各大報紙都同時刊載了中共北京市委宣傳部的文章（認清動亂的實質和戒嚴的必要性）。文章包括三個部分：一、為什麼說北京發生了嚴重的動亂；二、對實行戒嚴的一些認識問題。三、團結一切可以團結的力量，揭露煽動和製造動亂的少數人。

下午，北京市人民廣播電臺和電視臺，中斷了其他正常播發的節目，連續不斷的反覆播送了北京市人民政府、戒嚴部隊指揮部的通告、緊急通告聲稱：「首都今晚發生嚴重的反革命暴亂。對於所有暴徒，一定要堅決打擊，嚴加懲處」。「凡在天安門廣場的公民和學生，應立即離開，以保證戒嚴部隊執行任務。凡不聽勸告的，將無法保證其安全。一切後果完全由自己負責」。「全體市民盡可能提高警惕，從現在起，請你們不要到街上去，不要到天安門廣場去。廣大職工要堅守崗位，市民要留在家裏，以保證你們的生命安全，避免遭受不必要的損失」。

這些通告、緊急通告字裏行間很明白告訴大家、規勸大家不要去天安門廣場。令人奇怪的是，大白天的下午，就未卜先知，說今

天晚上要在天安門廣場發生反革命暴亂，是不合邏輯的強詞奪理的強盜邏輯。

晚上，十點鐘左右，軍事博物館一帶響起了陣陣槍聲，戒嚴部隊進城了。

北京這一夜的槍聲！如此強烈地搖撼著每個人的心。

悲劇！林昭慘死於無產階級專政的槍彈下的悲劇又要重現。槍聲，震懾了人們的心靈，啟發人們去思考：歷史為什麼總要去選擇悲劇？

林昭入獄後，一次又一次的審訊，無窮無盡的折磨，都沒有使她屈服。當時，有人對她說：「你只要承認一句自己錯了，就可以放你出去。」她回答道：「不，我沒有錯，決不向邪惡低頭。」她年邁的母親知道女兒凶多吉少，噙著淚水勸她：「孩子，你就認個錯吧，不然，他們會殺死你的。」林昭回答道：「我怎麼能認錯！認錯就是投降，認錯就是叛變，我沒有錯！」她臨行前不久，一位與林昭親近的同學冒著風險去探監，林昭囑託他，說道：「他們要殺死我。我死之後，在條件許可的情況下，請將我的詩文、書信搜集起來出三個集子：詩集名《自由頌》；散文集名《過去的生活》；情書集名《情書一束》。」她明知死亡就在眼前，但為了堅持真理，寧可帶著「頑固不化」的枷鎖走向死亡。她用鮮血寫在《紅旗》雜誌封面上的一首詩，充分表現了她那視死如歸的氣節。詩中說：

......

青磷光不滅，

夜夜照靈台。

留得心魂在，

殘軀付劫灰。

他日紅花發，

認取血痕斑。

媿學嫣紅花，

從知渲染誰。

　　這首血詩寫後一個多月，一九六八年四月二十九日，她就倒臥血泊，「留得心魂在，殘軀付劫灰」了。

　　林昭的詩歌、日記、信件、血書……都還深藏在死囚的檔案之中，是否就將長此湮沒，誰能作答？

　　十年浩劫過去了，但是浩劫的慘景仍歷歷在目。在林彪、江青所製造的現代化造神運動中，林昭只是這場浩劫中一個不知名的犧牲者。但是，她的寧死不屈，為真理而獻身的事蹟，卻宛如一顆殞落的孤星，在人們的心裏留下一道燃燒的鮮血的曳光。這道光芒隨著人民的覺醒，民主號角的吹響而愈益燦爛、明亮。她所想往的「天下者天下人之天下也，有德者居之，無德者失之」（林昭在獄中的血書）已為人民所公認。

51 《判決書》的批判

1989年6月4日（星期日）

從昨天深夜到今天凌晨，傳來的槍聲時急時疏。一種深沉的蕭靜和一種令人恐怖的暗影在北京市區上空盤旋。

「啪、啪、啪」時而又傳來了綢密的槍擊聲。生活像是停頓了，大街小巷沒有一個人影，只有一陣陣令人揪心的救護車的鳴叫聲，打破了這死一般的寧靜。

清晨，隨著東方太陽的升起，人們才從驚愕的夢幻中醒來。人們真不敢相信人民共和國成立快四十年的首都城裏，竟會響起如此激烈的槍聲。一位早晨散步的老翁自言自語地說道：「嘿，真是奇怪，我活了八十歲了，從民國、蔣介石到毛主席，在北京城裏還沒有聽過這樣猛烈的槍聲。」

上午，中央人民廣播電臺廣播了新華社的消息，說戒嚴部隊平息了反革命暴亂，進駐了天安門廣場。昨天（六月三日）電臺廣播的北京市人民政府和戒嚴部隊發出的緊急通告，說是「今晚發生了嚴重的反革命暴亂」。而今天的解放軍報的社論則說：「自六月三日凌晨開始，首都發生了嚴重的反革命暴亂。」到底是「凌晨」，還是「今晚」？誰也說不清楚。「動亂」一瞬間就變成了「反革命

暴亂」，這算怎麼一回事呢？進駐天安門廣場？！真是滑天下之大
稽，好像天安門廣場不是共產黨的，現在進駐了，佔領了。真是
可笑！

共產黨、八路軍，領導人民鬧革命，打跑了日本鬼子，推翻了
蔣介石王朝，可從來也沒有過，把槍口對著人民群眾，對著手無寸鐵
的學生。作為人民的子弟兵——解放軍，能下得了手嗎？不，你說的
不對。那是一群反革命暴徒。是嗎？這，我們許多人都領教過了，欲
加之罪，何患無辭。就連小平本人，不也是幾上幾下，一會下臺被開
除，一會又上臺獨攬全權。真是一幕人世間的鬧劇、悲喜劇。

北京市的一些大街小巷，人們議論紛紛。有人說「解放軍血
洗了天安門廣場」，又有人說「天安門廣場用坦克軍軋平的」，什
麼「三千多人，一人一槍」、「用機槍掃射」等等。這些傳言，弄
得全市老百姓人心惶惶，這些不可不信，因為都聽到了槍聲。也不
可全信，因為大家都沒有去天安門廣場，沒有親眼看到。人們都老
老實實地待在家裏，誰也沒有去天安門廣場，怎麼能知道是真是假
呢？但急促不斷的槍聲響徹了一夜，確確實實被大家聽見了。你能
說是解放軍開的槍呢？還是反革命暴徒開的槍呢？不管怎樣，一件
不該發生的事終於發生了，天安門廣場上的靜坐示威的學生沒有
了，進駐了解放軍，這是事實，也是悲劇。

天安門啊，天安門廣場，我要為您哭泣。

那是一九六四年十二月二日，林昭收到上海市靜安區人民檢察
院的起訴書，她一怒之下淡笑而受。問尚有何話要說，答以慢慢再

說。隨後,林昭好像評點紅樓夢那樣,在起訴書上批註,進行了批
駁。現原文抄錄如下:

上海市靜安區人民檢察院起訴書

(64) 滬靜檢訴字第一線23號

「中國自由青年戰鬥聯盟」反革命集團主犯林昭,業經
公安機關依法逮捕並偵察終結,移送本院審查起訴,經審查
證實:被告林昭,原名彭令昭,又名許蘋,化名呂明,女,
三十二歲(注曰:應為三十歲)。江蘇蘇州市人,官僚資產
階級出身(注曰:不知所云),學生成人大學文化(注曰:
就是一九五七年給你們那臭名遠揚的所謂反右運動也者迫害
中斷了學業的!)住蘇州喬司空巷十五號,上海住址茂名
南路一五九弄十一號。一九五〇年起參加土改、五反工作隊
(注曰:確證這名「被告」一未經約受訓、二非臺北派遣,
而是當初被你們所煽惑利用的天真純潔的追隨者、盲從者之
一!)一九五四年考取北京大學新聞系(注曰:應為中國文
學新聞專業)。一九五七年因反黨反社會主義而淪為右派
(注曰:極權統治者所慣用的偽善語言,其顛倒黑白而混淆
視聽可謂至矣!這句話正確地說,應該是:一九五七年在青
春熱血與未死來之良知的激勵與驅使之下,成為北大「五·
一九」民主抗暴運動的積極分子!)給予保留學籍、勞動察
看處分(注曰:多謝留情從寬!但也是你們未曾真正掌握

得林昭當時的全部活動之故！）一九五九年因病來休養，一九六〇年十月二十四日被捕。

「中國自由青年戰鬥聯盟」是一個有組織、有綱領的反革命集團（注曰：飽食終日，無所事事，捉影捕風，白日見鬼！估價恁高了！其實不過是我輩一些黃毛丫頭、黃口小子湊起來的無聊兒戲而已！）主犯林昭犯有組織反革命集體、進行反革命宣傳鼓動，勾結帝國主義為敵人供給情報、策劃偷越國境和煽動在押犯人暴動等，破壞社會主義事業，陰謀推翻人民民主專政的嚴重罪行。（注曰：官僚昏逆，語無倫次，都是抬高了黃毛丫頭的聲價，三生有幸，不勝榮幸！）

早在一九五七年，我黨整風期間，被告林昭在北京大學就參加了以張元勳為首的反動集團（注曰：豈僅參加而已哉！據說還是「廣場」集體的「幕後軍師」呢！）以自由出版為名，搞起了反動刊物「廣場」，借此向我黨和社會主義進攻（注曰：借用我們少年英雄中共一位闖將的話來說：假如那所謂的「社會主義」只意味著對於人的凌虐、迫害與污辱，那麼，「反社會主義」或進攻「社會主義」就決不是一種恥辱！）被告以「寧進監獄」的反動立場在幕後為反動集團出謀劃策，積極活動（注曰：果然「幕後」來了！沒有關係，既有監獄，則總得有人進去坐坐。否則你們這些特務偽職人員豈不要面臨失業恐慌？）而淪為右派，繼續堅持反革命立場，與「廣場」反動集團中的右派分子預謀（注曰：見笑大方得聚聚連文法都不曾通！好像在「廣場」編輯部用

其一切週邊組織裏居然還剩著個把沒被你們冠以所謂「右派分子」的稱事號者似地！）由右派分子陳奉孝偷越國境勾結帝國主義。（注曰：一切國家的革命都少不了爭取外援，因為人類是一個整體，而且不僅是作為概念上的整體！更因為人類解放的正義事業，從來不分彼我！聯合世界上一切以平等待我之民族共同奮鬥，從國父孫中山先生起就是這樣做的！我們不過遵著前人的榜樣而已！）陳奉孝正在實施偷渡時，被公安機關逮捕。以後，張元勳等反革命分子也相繼被公安廳機關逮捕後（注曰：當時我們缺乏一些鬥爭經驗。在與此陰險刁徒老奸巨滑、詭謀多端、手段惡毒的極權統治者作交手戰之過程中，這一個弱點就益發突出，並在一竅不通程度上造成了我們的失敗。但這並沒有什麼值得奇怪之處。更其不是我們的恥辱！初生之犢，雖敗猶榮！）被告竟隱蔽地繼續活動（注曰：我盡自己之一分力量，做成應該做的事情！）她通過右派分子孫和的關係，於一九五八年認識了蘭州大學右派分子張春元（注曰：是我們同時代人中的將才！），林昭代表「廣場」反革命集團（注曰：「五一九」的旗幟決不容其顛倒！「五一九」的傳統決不容其中傷！「五一九」的火種決不容其熄滅！只要有一個人，戰鬥就將繼續下去，而且將繼續到他的最後一息！），同張春元和繼而認識的右派分子顧雁、譚蟬雪、功慶文等人聯繫，採取通訊、串連的方法，組成反革命集團（注曰：造反沒有公式的！偽善的語言才公式化得可憎！）張春元同被告商議確定

了組織名稱為「中國自由青年戰鬥聯盟」（自贊曰：是名清新可喜不落陳套！）要以反革命武裝推翻人民政府為目的（嘲曰：你們除了武裝就是武裝，只曉得武裝，別的你們還曉得什麼？槍桿子裏出一切東西！將來倘或無子無孫，大約也只消到槍桿子裏去「出」！）他們在上海、蘇州等地，多次聚會商討出版以《星火》命名的反革命刊物，以進行造謠污蔑和顛覆人民政權的宣傳鼓動（注曰：其實那才不過是一本極其泛泛的油印小冊子，抗戰勝利以後，在國民黨統治區不知多少象這樣的小冊子！——由學生和一般社會青年出版的，而其內容對於當時現實的針對性及批判不知要比《星火》強烈而尖銳到幾多！可能是因為蔣介石並不實行糧食統制政策，所以他們的員警特務總算也還不餓得發燒而不曾去找那些出版者的晦氣！），被告寫的反革命文章「海鷗」，為張春元印成宣傳品，「普洛米修士受難的一日」則登左邊於《星火》第一期上（注曰：竟然連普洛米修士與海鷗都要「反革命」，可見這一「革命」之該反而且非反不可已到了什麼程度！）；被告又接受了能使在全國各地散發《星火》而收集我各地黨政領導幹部和各民主黨派負責人名單的任務，妄圖以此策動我公職人員反對黨的領導（注曰：管是什麼「人員」也罷，好像人們對於爾等之「領導」的反對竟然還需要「策動」似地！未免太嫌自作多情了罷！）該反革命集團為了繼續要同國外帝國主義勾結，派遣譚蟬雪偷渡去香港，當譚蟬雪實施偷渡被我公安機關逮捕後，被告同顧雁共

商對策，銷毀罪證。（天哪！居然也知道標點中除了逗號之外還有句號的！那麼早該用上了！這麼一大段兒撇撇撇一直撇下來，看看那累哪！「被告」未敢設想擬稿者是如此一通到底的通才，我還道那架打字機上湊巧缺了個「。」──句號鉛字呢！）

　　被告林昭，由於其官僚資產階級家庭出身（注曰：狗屁不通之外，更兼無理可惱！）和父親彭國彥因反革命案被打擊後，於一九六〇年畏罪自殺身死（注曰：一派胡言，文過飾非，可恨可惱！即是也聽見得耳熟能詳了：凡所有自殺者大略都是「畏罪」所致！若果如此，則至少也說明了一點：我們這個美好制度之下的活「罪」比之死「罪」還要可怕而可「畏」得多！）因此對我黨和人民政府抱有刻骨的階級仇恨（注曰：「樓梯上打架」的仇恨罷了，何「階級」之有？）在逮捕以後，就一直不思坦白認罪（注曰：你們如此罪惡滔天還不肯認，林昭反抗無罪，當然不認！）後因患肺病，於一九六二年三月五日，政府准於保外就醫。（注曰：是你們叫人「保外就醫」去的！沒有誰個求「誰」！）但被告仍堅持反動立場（注曰：從：反右「以來迄於今目以至將來，林昭永遠只此一個立場！）在保外就醫期間，繼續進行以下反革命破壞活動：

　　一、寫了一封恐嚇信給北大校長陸平（嘲曰：語妙天下！豈但前無古人，敢謂後無來者！恐嚇信！其神經衰弱精神錯亂之程度確是應該去精神病院作特別治療了！不僅需作

住院鑒定而已！）信中自稱是右派「群體中的一分子」（注
曰：事實如此！），惡毒地咒罵我黨和人民政府是「偽政」
（注曰：事實如此！）污蔑我反右鬥爭，狂妄地宣稱「我們
是不會後退的，要以最後的一息獻給戰鬥」等。（注曰：皇
天后土，實聞此言！）還用書面答辯的形式，將反革命文章
寄給上海市靜安區人民法院（注曰：否，是通過你們的戶籍
警先生傳遞而去的！）文中造謠攻擊政府鎮壓反革命是懲辦
了「善良」的人（注曰：文中所「造」之「謠」頗多，似是
而非地摘此區區一語全未概括得了！那份書面答辯提綱我契
領者三，記憶猶新，不妨在此回顧一下：第一，極權統治下
的「反革命」這個名詞，缺乏最最起碼的原則性與嚴肅性！
第二，極權政治本身的殘暴、骯髒和不義，使一切反抗它的
人成為正義而光榮的戰士！第三，特別對於我們這代青年來
說，問題完全不是我們對統治者犯下了應該受到嚴肅譴責的
罪行！）並揚言要「誓死反對」社會主義。（注曰：象這樣
的「社會主義」若還不該誓死反對，則誠恐普天下更無他得
人們誓死反對之物！）被告還在醫院（敬問曰：什麼醫院？
何不明寫？）的牆上也塗「自由吟」等反革命詩詞。（注
曰：「吟」及「自由」即是「反」了「革命」，真是大堪發
蒙！那首詩並不長，完全可以背誦而添錄於此以當「反革
命」的注解之一。詩共五章，首章引著匈牙利愛國詩人裴多
菲的名作「生命誠可貴，愛情價更高；若為自由故，兩者皆
可拋。」以當主題，以下各章反覆和詠歎，依次是：

生命我所重，愛情彌足珍；
但為自由故，敢惜而犧牲。

生命似嘉樹，愛情若麗花；
自由昭臨處，欣欣迎日華。

生命巍然在，愛情永無休；
願殉自由死，終不甘如囚。

生命蘊華彩，愛情熠奇光；
獻作自由祭，地久並天長。

　　他日倒也請天下人評評看，這算那一道的「反革命詩詞」！？作者自己看到至少是並不見得比「江山如此多嬌，引無數英雄盡折腰」更陳舊、更落後和更反動的！）

　　二、為了擴充反革命組織，又在蘇州發展了右派分子黃政、朱泓參加，同黃政一起制定了「中國自由青年戰鬥聯明」的「政治綱領」和「盟章」（注曰：管它何「綱」何「章」，總是本人手筆，未便由他人掠美。）確定了以右派分子為主要發展對象，凡是右派分子均可擔任「盟的各級組織核心」的組織路線（注曰：不像你們所說的這麼簡單，「右派分子」們也是千差萬別的；但這一組織基礎系先生們的貴黨之所製造而提供，後來人謹表謝意！），和實行私人設廠的經濟路線，妄圖收羅各地右派分子，在我國實施資本主義復活。（注曰：正確地說是：計畫集合

昔年中國大陸民主抗暴運動的積極分子，在這古老而深厚的中世紀遺址上掀起強有力的，劃時代的文藝復興——人性解放運動！）

三、為要同帝國主義勾結，於一九六二年九月，在本市淮海中路主動勾搭（注曰：惡俗已極，其心可誅——言為心聲，說明不知人間更有羞恥事！）無國籍僑民阿諾，要他幫助其偷渡出境（注曰：無是事，且無是想！林昭的戲不是如此唱法的！要如此唱法倒也簡單了！）被告將《我們是無罪的》、《給北大校長陸平的信》等四篇反革命文章（注曰：答辯姑置勿論，連給你們的委派之校長的呼籲都是「反革命文章」，說明先生們真正已經苦苦魂昏迷得喪失起碼的理性！）交給阿諾，要他設法帶往國外發表，妄圖在國際上擴大反對我黨我國的影響。（注曰：豈敢，也不過是盡力而為地做一些自己所應該做的事情而已！）

一九六二年十二月二十三日，被告被收監羈押。（注曰：收押日期是一九六二年十一月八日，由你們當庭宣告，事實俱在，怎麼可以移到十二月二十三日去呢？這一個多月裏已被「收監羈押」的「被告」又到何處去了呢？）竟仍堅持反動立場（注曰：早已說過了。我只有一個立場！）堅決與人民為敵（注曰：自作多情得令人噁心！「人民」在公廁裏！此外更無「人民」的氣味可言！）在監所中繼續進行破壞活動（注曰：林昭曾說之至再，監獄不是爭取入黨的地方！）向在押的詐騙犯張如一（注曰：又是故意給人臉上抹

黑！她是政治犯呢！）灌輸了反動思想（注曰：胡言亂語！
除了你們靠此混飯吃的那所謂馬克思列寧主義思想也者，更
無其他任何思想是需要「灌輸」或可以「灌輸」的！）並發
展她參加「中國自由青年戰鬥聯盟」（注曰：還公然舉行了
加盟儀式呢！），告訴她聯絡暗號，佈置她在刑滿出獄後，
到蘇州找黃政聯繫，以共謀反革命活動（注曰：絕妙的小
說情節！），還教唆張如一在任何情況下「絕不能動搖信
念」。（注曰：其實，說過的話也不少，隨便找兩句出來便
得，何必臆造呢？）同時，在監獄中又用高聲呼喊的方法，
煽動在押人犯暴動。（嘲曰：夫自有政治起訴以來，未有如
此之妙文也！豈惟捧腹，直堪噴飯！在一九六四年十二月五
日所謂的法庭受審時首先便指出：「起訴書」上漏列了我曾
在監獄中建立一個軍械局與三座兵工廠，兩個軍火倉庫的重
要事實！幾曾聽到過光憑口舌可以進行暴亂呢？敢則那所謂
的八一起義、秋收起義等等全憑口舌來進行的嗎？怪不得人
家說共產黨的天下是靠嘴巴得來的！）還先後出了惡毒污蔑
我黨和人民民主專政的、題為《牢獄之花》（注曰：「牢獄
之花」有一百多篇！還是一九六一年寫起的，你們可見了了
幾篇？怕也不過晚飯片段引文之中見了一個題目知道有那麼
一回事吧？是不在吠影的一犬之列而只當為吠聲的百犬之
屬！）《提籃橋的黎明》、《血花》等等的反革命詩詞、歌
曲、標語、口號。（注曰：還有小說、戲劇、論文、散文
綱要、傳單、信札、照會、宣言、講稿、呼籲、抗議……

285

種種繁多產及備載。總之，當世奇才，一代完人！）被告在一九六三年六月十六日（注曰：應為十九日）寫的《絕食書》中，狂妄地說：「一息尚存，此生寧坐穿牢底，決不稍負初願稍改初志。」（注曰：是有這話不假，皇天后土共鑑！）一系例（注曰：應為一系列。）事實，完全證明被告林昭是一個堅決與人民為敵的反革命分子。（注曰：除了「人民」兩字尚待登報招尋而外，這一論斷本身卻也大大值得年輕的反抗者引為無上榮譽！）

上述事實，有各地群眾的檢舉揭發（注曰：算了吧！哪有這麼回事，影兒都沒有！），經上海、蘇州、天水等地公安機關的嚴密偵訊，搜集到林昭所收集起來而要的我黨政領導幹部和各民主黨派負責人的名單，及反革命集團成員間來往信件，還有反革命刊物《星火》等宣傳品，有被告同黃政寫的「中國自由青年戰鬥聯盟」政治綱領（注曰：說了是我寫的不賴！），有監所和醫院（敬問曰：到底什麼醫院？真正現醜丟人！）轉來的被告寫的反革命文章、詩詞、信件等，有反革命集團成員張元勳、顧雁、梁炎武、譚蟬雪、苗慶之、孫和、黃政、朱明、張如一等人和帝國主義間諜阿諾的供詞，及同監在押犯人（注曰：要麼是你們的狗！）的揭發、等等。大量人證、物證。（注曰：按所謂馬列主義原則來說，「法律」者，「統治者的意旨」而已！反抗即是大罪，爭自由即是大罪，要人權更是大罪，何需什麼「人證、物證！？」要說「證」哩，一九六二年八月二十九日（？）

初次被傳出庭時，當場交上的一本「各國民權運動史」，不知是否亦在「罪證」之列？而應明白列入，不在則當於擲遠，為感！）

　　如上所述，本院確認：被告林昭長期來堅持與我黨和人民為敵的立場，積極組織反革命集團，共謀出版《星火》刊物，進行造謠煽動，陰謀偷越邊境投敵（注曰：是可忍孰不可忍：祖國不是你們締造的！她倒只是被你們所敗壞！）在保外就醫期間和在監所中進行了一系例（注曰：又是「一系例」，看來打字機上剛缺「列」字！）反革命活動妄圖推翻人民民主政權，破壞社會主義事業，勾結帝國主義作反革命的垂死掙扎（注曰：比如寫出此等語妙天下的所謂「起訴書」來，便即垂死掙扎的好例！）實屬怙惡不悛的反革命分子，罪行極為嚴重為此，本院為鞏固人民民主專政，特根據中華人民共和國懲治反革命條例第一條、第六條第一款、第十條第三款，比照第七條第二款、第一款和第十二條之規定，提起公訴，請依法嚴懲。（注曰：官話連篇，不知所云！嘗聞有酷喜放屁者作打油詩曰：屁乃肚中之氣，哪有不放之理？誰要干涉放屁，真正豈有此理！這份所謂的「起訴書」大致亦可作如是觀。）

　　此致
上海市靜安區人民法院

　　　　　　　　　　　　檢察員：吳澤春
　　　　　　　　　　　　一九六四年十一月四日

附：被告林昭押於上海第一看守所移送被告的偵訊案卷八冊；隨
　　案附送大批罪證。（注曰：不知前述那冊《世界民權運動
　　史》可在其內，那是我的書，我還要呢！慎毋遺失為便！）

一九六四年十二月二日上午七時五十分收到

林昭　自志

　　林昭被提出公訴後，於一九六五年五月三十一日，被上海市靜
安區人民法院判處有期徒刑二十年。當時，林昭萬分悲憤，刺穿了
自己的手指，血書了《判決後的聲明》，血跡斑斑的字跡，明細可
見，抄錄如下：

判決後的聲明

　　昨天你們──那所謂的偽法院假借而盜用著法律名義非
法判我徒刑二十年！這是一個極其骯髒、極其可恥的判決！
但它確實也夠使我引為叛逆者無上光榮！

　　自來善惡不聖峙即如漢賊不兩立，你們這一非法的可
恥判決，從另一方面看恰正是林昭個人戰鬥生涯的上好見
證！它證明著作為一名自由戰士之林昭的吾志清操大節正
氣！更證明你們的欺騙、引誘、迷惑、試探、逼迫、折
磨、侮辱、凌虐、摧殘、殘害等種種一切鬼域會倆，終於
不得不在反抗者堅毅不屈貞烈無二的意志之前宣告徹底失
敗而完全破產！

　　這是一個可恥的判決，但我驕傲地聽取了它！這是敵人對於我個人戰鬥行為的一種估價，我為之由衷地感到戰鬥者的自豪！我還作得太少，更作得非常不夠。是的，我應該努力作得更多，以符合你們的估價！除此以外，這所謂的判決於我可謂毫無意義！我藐視它！

　　看著吧！歷史法庭的正式判決很快即將昭告於天下後世！你們這些極權統治者和詐偽的奸兇——歹徒、惡賴、竊國盜和殃民賊子將不僅是真正的被告更是公訴的罪人！
公義必勝！自由萬歲！

林昭

主曆　一九六五年六月一日

後記

　　人民永遠不會忘記：在這天安門廣場上，在這人民英雄紀念碑下，一九八九年春天，曾經掀起過一場悲壯的為民請願的偉大的學生愛國民主運動。這次學生愛國民主運動時間之長，聲勢之大，牽動社會面之廣，影響之烈，超過了此往任何一次。兩次衝擊新華門，長期佔據天安門廣場，這種情況就是十年內亂時期也沒有過。上千人連續七天在天安門廣場絕食，這也是建國以來歷次學生運動沒有出現過的現象。由絕食引起的連續數天的數十萬、上百萬人遊行示威，高呼：「打倒腐敗！」「爭取民主、爭取自由」的口號，震盪了整個神州大地，驚動了全世界，表現了中國青年一代政治生命的覺醒。

　　人民永遠不會忘記：儘管這次學生愛國民主運動被殘酷地鎮壓下去了，大學生和人民的鮮血不會白流，它將喚起更多具有良知的人們覺醒。「血洗天安門廣場」，政府一再宣稱「純屬謠言」，說什麼在天安門廣場清場過程中一個人也沒有死。這才是天下最大的謊言。是的，在眾多的學生和群眾撤離前，還沒有動手打死一個人。可是，在撤離之後就不同了，仍有許多堅持鬥爭死守在人民英雄紀念碑臺階上的學生和群眾，他們遭到了滅絕人性的毒打和槍擊。儈子手吼叫著：「往死裏打！」。請問：紀念碑臺階上的槍彈

痕和斑斑血跡是從哪裡來的？難道是從月亮上掉下來的嗎？據一位目擊者說：打死的屍體是用直升飛機運走的。那些奄奄一息的傷殘者，全部被抓，通過天安門旁邊的勞動人民文化宮的前後門，送走關押起來了。

人民永遠不會忘記：人民的子弟兵——解放軍的槍口會對準人民，竟向群眾開槍。據官方宣佈的數字，在鎮壓這次「暴亂」中，戰士傷六千多人，死亡數十；非軍人傷三千多，死亡二百多，包括三十六名大學生。事實上，解放軍被打死的是二十七人，而學生和群眾被打死的不是二百多，而是二百多的十倍。據北京市的某報社的三位年輕記者親自走訪調查統計，死亡人數達二千六百多人。當然，被打傷的人數就無法統計了。這種殘酷無情的血腥鎮壓，能說明什麼呢？只能說明：共產黨某些高層領導人完全墮落成為一個不折不扣的封建法西斯獨裁專制的暴君了。

人民永遠不會忘記：當手無寸鐵、善良的人們遭到軍隊野蠻鎮壓、血腥屠殺時，人們震怒了，赤手空拳憤起反抗。據官方宣佈，在幾天的「暴亂」中，被「暴徒」砸毀、燒毀、損壞的軍車、警車和公共汽車一千二百八十多輛，其中軍用汽車一千多輛，裝甲車六十多輛，警車三十多輛，公共汽車一百二十多輛，其他機動車七十多輛，一批武器、彈藥被搶。從這組數位，就可以看出當時的形勢是何等的激烈。焚燒、砸毀、掀翻軍車、警車和公共汽車這麼多輛，難道是「少數和暴徒」幹的嗎？不，不是，是被激怒的人民群眾反抗的結果。

林昭在上海的獄中寫的詩句：《家祭》——哭舅父許金元烈士。（三十年代被國民黨殺害於南京雨花臺）云：

四月十二日——沉埋灰塵中的日期，
三十七年前的血誰復記憶？
死者已矣，後人作家祭，但此一腔血淚。
舅舅啊——甥女在紅色的牢獄中哭您！

我知道您——在國際歌的旋律裏，
教我的是媽，而教媽的是您！

假如你知道，你為之犧牲的億萬同胞，
而今都只是不自由的罪人和饑餓的奴隸！

真不敢相信，林昭後來竟然被共產黨的子彈奪去了生命。一腔沸騰的青春之血，殷殷斑斑，把唏噓悲泣的大地染紅。

血！血紅血紅的鮮血！灑遍鮮血的天安門廣場。大學生們的鮮血，人民的鮮血。他們已經用自己的實際行動和犧牲生命，自豪地表明：五四先驅們的愛國主義火炬正在代代相傳，是永遠不會熄滅的。數以萬計的人民聲援浪潮，並以自己的身軀與大學生們赴湯蹈火，同生死、共患難，已經為同學們的偉大壯舉作出了公正評價。一九八九年的春天將永載史冊，不可磨滅。今天搖曳的火焰，明天將發出沖天的火光。「蓋青年者，國家之魂……國家喪其青年，則勘測無生機」李大釗七十年前的這段話啟示我們：當代青年對社會

政治生活的關心和參與以及他們自身的成長過程，都象徵著中國正在迎來一片「新世紀曙光」。

　　人有魂，國有魂，民族有魂……為民主、自由而英勇獻身的林昭和大學生們，歷史將宣判你沒罪。

國家圖書館出版品預行編目

北大魂：林昭與「六‧四」/ 甘粹著. -- 一版.
-- 臺北市：秀威資訊科技，2010.01
面； 公分. -- (史地傳記類；PC0106)
BOD版
ISBN 978-986-221-384-1 (平裝)

1.林昭 2.傳記 3.天安門事件 4.中國

782.887 98024394

 史地傳記類 PC0106

北大魂
——林昭與「六‧四」

作　　　者/甘　粹
主　　　編/蔡登山
發　行　人/宋政坤
執行編輯/胡珮蘭
圖文排版/黃莉珊
封面設計/陳佩蓉
數位轉譯/徐真玉　沈裕閔
圖書銷售/林怡君
法律顧問/毛國樑　律師
出版發行/秀威資訊科技股份有限公司
　　　　　台北市內湖區瑞光路583巷25號1樓
　　　　　電話：02-2657-9211　傳真：02-2657-9106
　　　　　E-mail：service@showwe.com.tw

2010 年 01 月　BOD 一版
定價：350 元

讀者回函卡

感謝您購買本書，為提升服務品質，請填妥以下資料，將讀者回函卡直接寄回或傳真本公司，收到您的寶貴意見後，我們會收藏記錄及檢討，謝謝！
如您需要了解本公司最新出版書目、購書優惠或企劃活動，歡迎您上網查詢或下載相關資料：http:// www.showwe.com.tw

您購買的書名：＿＿＿＿＿＿＿＿＿＿＿＿＿＿＿＿＿＿＿＿＿

出生日期：＿＿＿＿＿年＿＿＿＿＿月＿＿＿＿＿日

學歷：□高中 (含) 以下　　□大專　　□研究所 (含) 以上

職業：□製造業　□金融業　□資訊業　□軍警　□傳播業　□自由業
　　　□服務業　□公務員　□教職　　□學生　□家管　　□其它＿＿＿＿

購書地點：□網路書店　□實體書店　□書展　□郵購　□贈閱　□其他

您從何得知本書的消息？
　□網路書店　□實體書店　□網路搜尋　□電子報　□書訊　□雜誌
　□傳播媒體　□親友推薦　□網站推薦　□部落格　□其他＿＿＿＿＿＿

您對本書的評價：(請填代號　1.非常滿意　2.滿意　3.尚可　4.再改進)
　封面設計＿＿　版面編排＿＿　內容＿＿　文／譯筆＿＿　價格＿＿

讀完書後您覺得：
　□很有收穫　□有收穫　□收穫不多　□沒收穫

對我們的建議：＿＿＿＿＿＿＿＿＿＿＿＿＿＿＿＿＿＿＿＿＿

＿＿＿＿＿＿＿＿＿＿＿＿＿＿＿＿＿＿＿＿＿＿＿＿＿＿＿＿＿

＿＿＿＿＿＿＿＿＿＿＿＿＿＿＿＿＿＿＿＿＿＿＿＿＿＿＿＿＿

＿＿＿＿＿＿＿＿＿＿＿＿＿＿＿＿＿＿＿＿＿＿＿＿＿＿＿＿＿

11466
台北市內湖區瑞光路 76 巷 65 號 1 樓

秀威資訊科技股份有限公司　　　收

BOD 數位出版事業部

....

（請沿線對折寄回，謝謝！）

姓　　名：＿＿＿＿＿＿＿＿　年齡：＿＿＿＿　性別：□女　□男

郵遞區號：□□□□□

地　　址：＿＿＿＿＿＿＿＿＿＿＿＿＿＿＿＿＿＿＿＿＿

聯絡電話：(日) ＿＿＿＿＿＿＿＿＿＿　(夜) ＿＿＿＿＿＿＿＿＿＿

E-mail：＿＿＿＿＿＿＿＿＿＿＿＿＿＿＿＿＿＿＿＿＿